曾熙手札精粹

張大千研究叢書——手札篇

曾繁滌　編

上海書畫出版社

圖書在版編目（CIP）數據

曾熙手札精粹 / 曾繁滌編．--上海 ：上海書畫出版社，2018.8
（張大千研究叢書．手札篇）
ISBN 978-7-5479-1834-0

Ⅰ.①曾… Ⅱ.①曾… Ⅲ.①曾熙（1861-1930）-書信集 Ⅳ.①K825.72

中國版本圖書館CIP數據核字(2018)第159860號

曾熙手札精粹

曾繁滌 編

責任編輯	張恒煙
審　讀	雍　琦
責任校對	周倩芸
封面設計	錢勤毅
技術編輯	錢勤毅
出版發行	上海世紀出版集團 上海書畫出版社
地址	上海市延安西路593號　200050
網址	www.ewen.co www.shshuhua.com
E-mail	shcpph@163.com
製版	上海文高文化發展有限公司
印刷	浙江海虹彩色印務有限公司
經銷	各地新華書店
開本	635×965mm　1/8
印張	18.5
版次	2018年8月第1版 2018年8月第1次印刷
書號	**ISBN 978-7-5479-1834-0**
定價	**230.00圓**

若有印刷、裝訂質量問題，請與承印廠聯係

民國十二年
癸亥冬十月
農髯夫子六
十有二[illegible]榮壽
受業趙宗獻敬呈攝像

序

曾熙（一八六一—一九三〇），清末民國時期重要的書畫家、教育家，是當時海上書畫家的領軍人物。他一生都專心致力於古代書法的研究和創作，留下了大量珍貴的作品。其中的一個品類——手札，是傳世曾熙墨迹的一個獨特存在，具有重要的研究價值。

要認識曾熙手札的獨特價值，無法繞開他所處的時代學術環境和書壇發展的趨勢，對曾熙書法的整體風貌也應有個先行的瞭解。清末咸豐、同治年間，曾熙生於湖南衡陽，成長於湘中，光緒二十九年中進士，民國初以書畫享名於海上，與李瑞清并稱『南曾北李』。他處在金石學復興的時代，碑學思潮方興未艾；在他成長的湘中，金石碑帖、書畫鑒藏的風氣亦極爲濃厚。約在二十六歲時，曾熙開始正式地研習書法，從商周大篆入手，繼而學習漢代八分、六朝碑版正書。自此以後，曾熙的書法研究與實踐從未中斷。縱觀他一生的書法實踐，有幾個顯著的特徵。首先，他强調學書取法應以商周時期的大篆爲源頭，不通大篆則無法對後來的隸書、草書、正書諸體有正確、充分的認識。其次，他的書法實踐具有系統的探索性特徵，不局限於某一書體、某一時代或某一家，從商周金文到秦漢隸書、八分、章草，以至於六朝碑刻摩崖正書，他都系統地研究、臨寫。從傳世的曾熙書法作品來看，『臨摹』或『仿作』佔據很大的比例，落款中附有研究性的跋語、題記，是曾熙對古代書法系統性探索的軌迹。這些作品既有上下貫通的性質，又要呈現書體、風格之間用筆、結構、章法的不同和變化之處。對書寫者曾熙來説，要求思想意識和技法上都要隨時做出靈活的調整和改變；第三，曾熙認爲，碑與帖從用途上看各有優勢，不可偏廢，書寫者應根據用途來作出適當的選擇。若以帖派筆法作碑銘則不莊重，用碑派筆法作簡札則不流暢，如同戴鐐而舞。

手札，作爲文人間交往留下的『筆迹』，原本是傳達信息的載體，具有很强的實用性與私密性。曾熙在寫這些信的時候，除了作碑、帖之間的區分和風格上的簡單選擇以外，在書寫上未投入太多的注意，并非當成一件『作品』去完成，而是一種『無意於佳』的存在。從這一點上來看，手札與他其他的傳世作品相比，更能呈現出作爲一個傳統文人在日常生活中最自然的書寫狀態。由於曾熙書法具有多樣化的面貌，通過這些信札可以分析他書法的『自家面目』究竟爲何，風格上更得力於哪些前代大師的影響。同時，曾熙在六朝以前的金石碑版銘文書法上投入了更多的精力，這些金石碑版的筆法、結體一定對他的日常書寫造成某種程度的影響，這些信札都是絶佳的分析樣本和研究資料。從收入本集中的手札來看，他的『自家面目』大致呈現出兩種基本的風格形態：一是融合《張黑女墓誌》《黄庭經》的結體特點，筆鋒外露，行筆流暢，如錐畫沙；二是以『颜體』藏頭護尾的蘊藉點畫和外拓結體爲本，并吸收了錢南園、何紹基、翁同龢等人的簡札書風。總體來看，曾熙手札的書寫對點畫形態并未給予較多的關注，而更注重於整體筆勢的貫通，以篆隸書的樸拙用筆消解了唐宋以來『八法』用筆規約對點畫形態的限制，是在金石學、碑學實踐洗禮下新的文人手札書風的代表形態。換句話説，要研究碑學思潮影響下文人手札書風的變遷，曾熙是一位具有代表性的個案。

這些手札具有的史料價值同樣值得珍視。與詩文、題跋不同，信札是往來於親人或親密朋友之間的直接信息載體，無論正式與否，其內容都真切地表達了寫信人當時的處境、心情、需求等等，所提到的事件、反映的信息也都是對當時較爲真實的記録。例如，在致吴昌碩、王一亭二人的信中，曾熙請二人爲他的親家向燊之子在日本訂『潤例』，側面反映出吴、王二人當時在日本的影響力。信札中多處涉及青銅器、瓷器、碑帖、字畫的借閲、鑒藏與交易信息，通過閲讀這些内容可以發現，書畫家、鑒定家、收藏家、文物商之間有着複雜而微妙的關係，并且存在着靈活的角色轉變的可能性。借閲、鑒定、交易等行爲之間也存在靈活的轉换關係，可借此進一步深入分析清末民國書畫文物交易中的流通機制與話語系統。諸如此類的新材料，皆有可能引申新的討論，引發新的研究課題。因此，對研究清末民國書畫史，尤其是海上書畫史與鑒藏史來説，這部《曾熙手札精粹》都是不可多得的第一手材料。

王東民　（作者係浙江大學中國藝術史專業博士）

與楊仁山等合影　一九一一年攝於北京

曾熙（前排右一）、曾憲璵（后排右一 曾熙長子）、楊仁山（后排右三）

衡陽書畫學社合影　一九二二年前後攝

曾熙（中坐）

自左至右：姚雲江、雷聽秋、張君綬、江萬平、江一平、麋潔民、朱大可、倪壽川

與友人合影　約一九一八年攝

自左至右：曾熙、王聘三、李瑞清

與友人合影　一九三〇年攝於上海
曾熙（前排中坐）、張大千（後排右一）、王个簃（後排右二）

與友人合影　一九二六年攝於上海六三園
曾熙（後排左二）

目錄

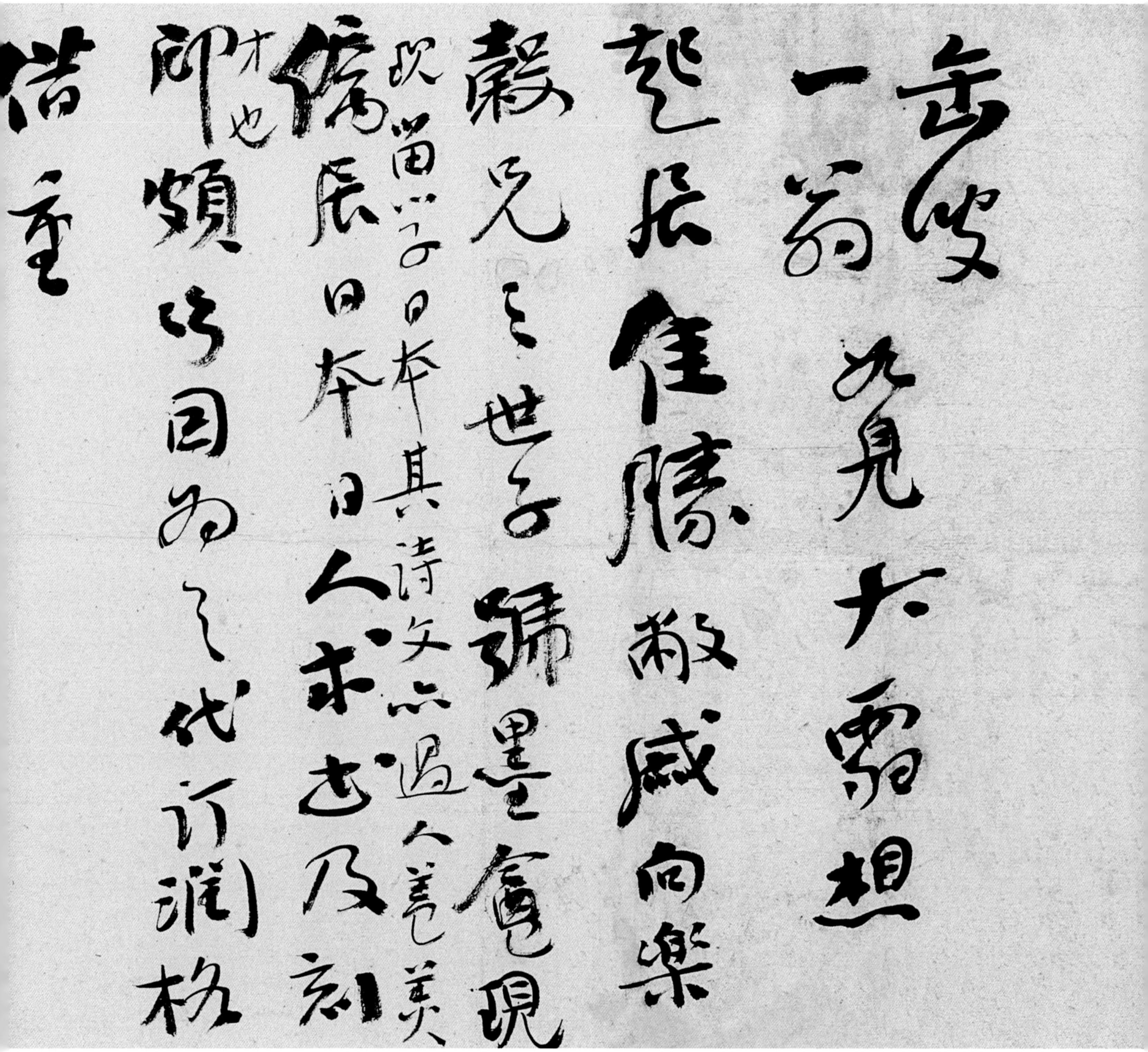

一　致吴昌碩、王一亭書

縱二八厘米　横六四厘米

缶叟、一翁如見：大雪，想起居佳勝。敝戚向樂穀兄之世子號墨盦，現僑居日本（現留學日本，其詩文亦過人，蓋美才也），因爲之代訂潤格，借重大名以招生易，想兩先生嘉許後進，必樂爲之箋名也。倘能從册上題四字行書尤感激，但天寒不敢强耳。即頌著安，熙頓首。十月十七夕。

外册子及潤例啓并呈上。

大名以於生公想

兩先生嘉許及進光

樂為之筆名也備紙行

册上題四字行書九感

激但天寒不敢縱耳

即頌

著安 [illegible]

十月十七夕

又册子及潤例併呈上

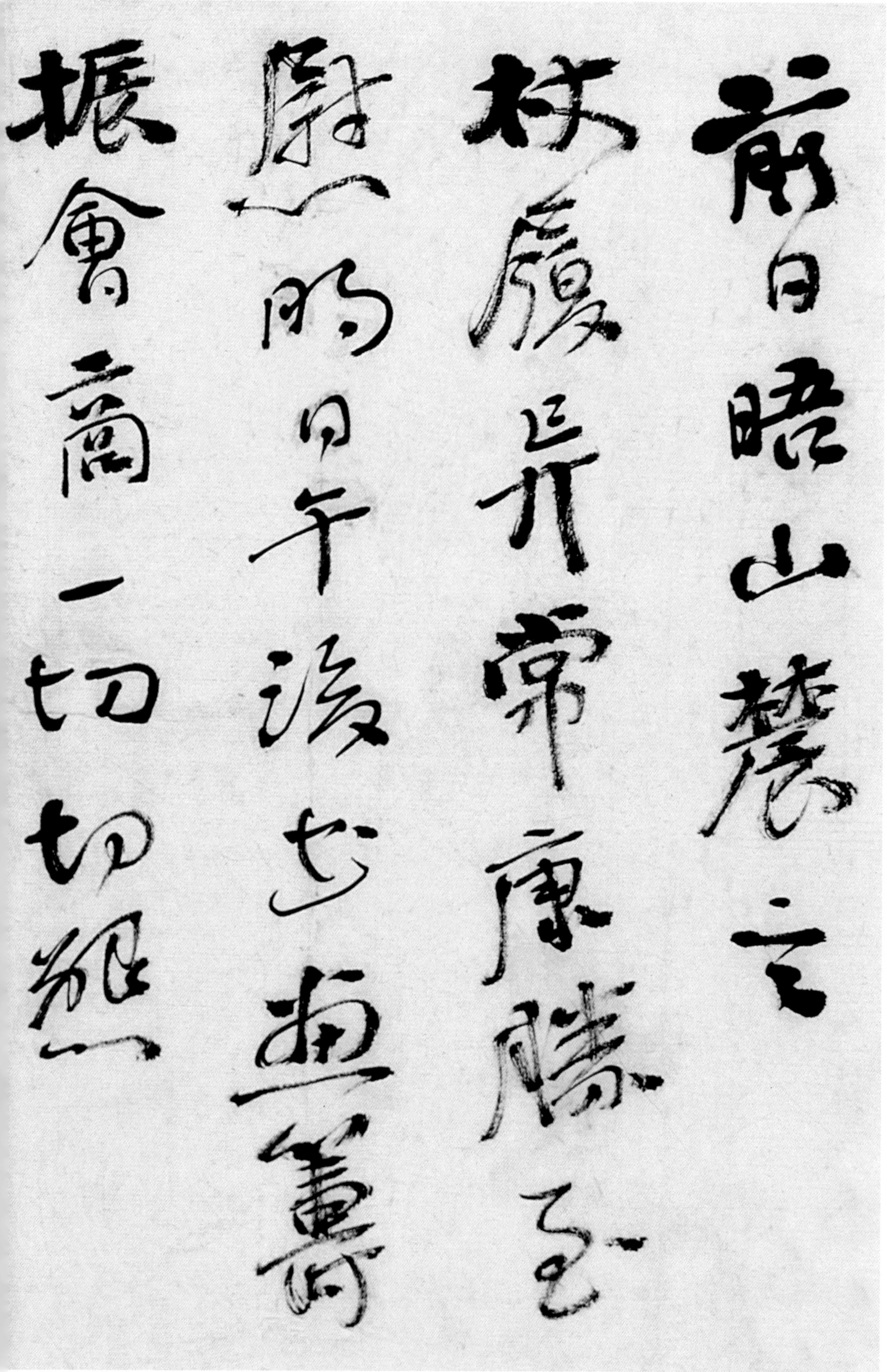

前日晤山農云
杖履近常康勝已
擬明日午後

二　致吴昌碩書　縱二二厘米　横三三厘米

前日晤山農，言杖履異常康勝，至慰。明日午後書畫籌振會商一切，切懇先生惠臨，想無量佛必爲一切衆生説法也。屆時由功德林雇汽車相迓。即頌缶叟暑安！熙頓首。七夕。

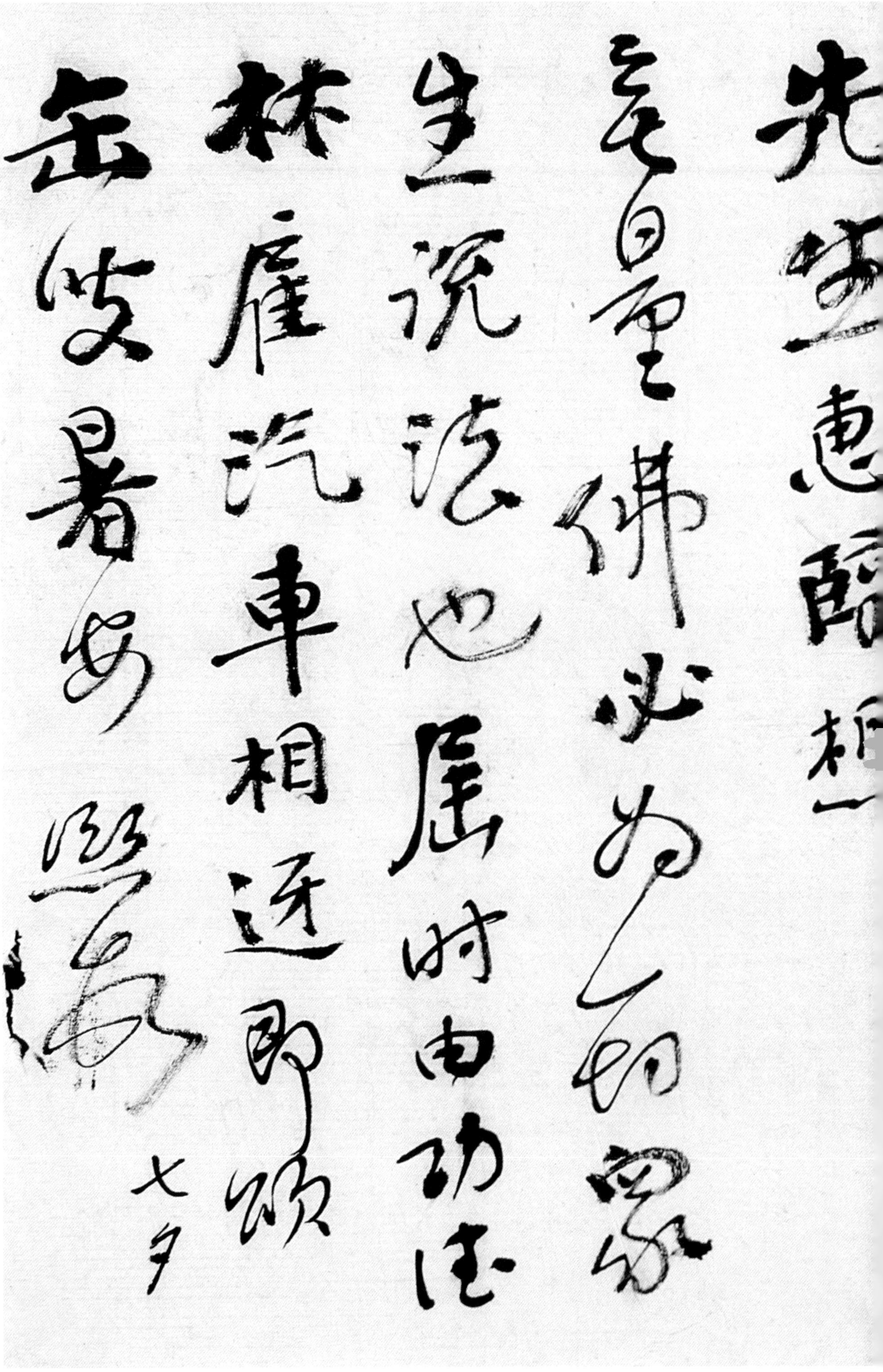

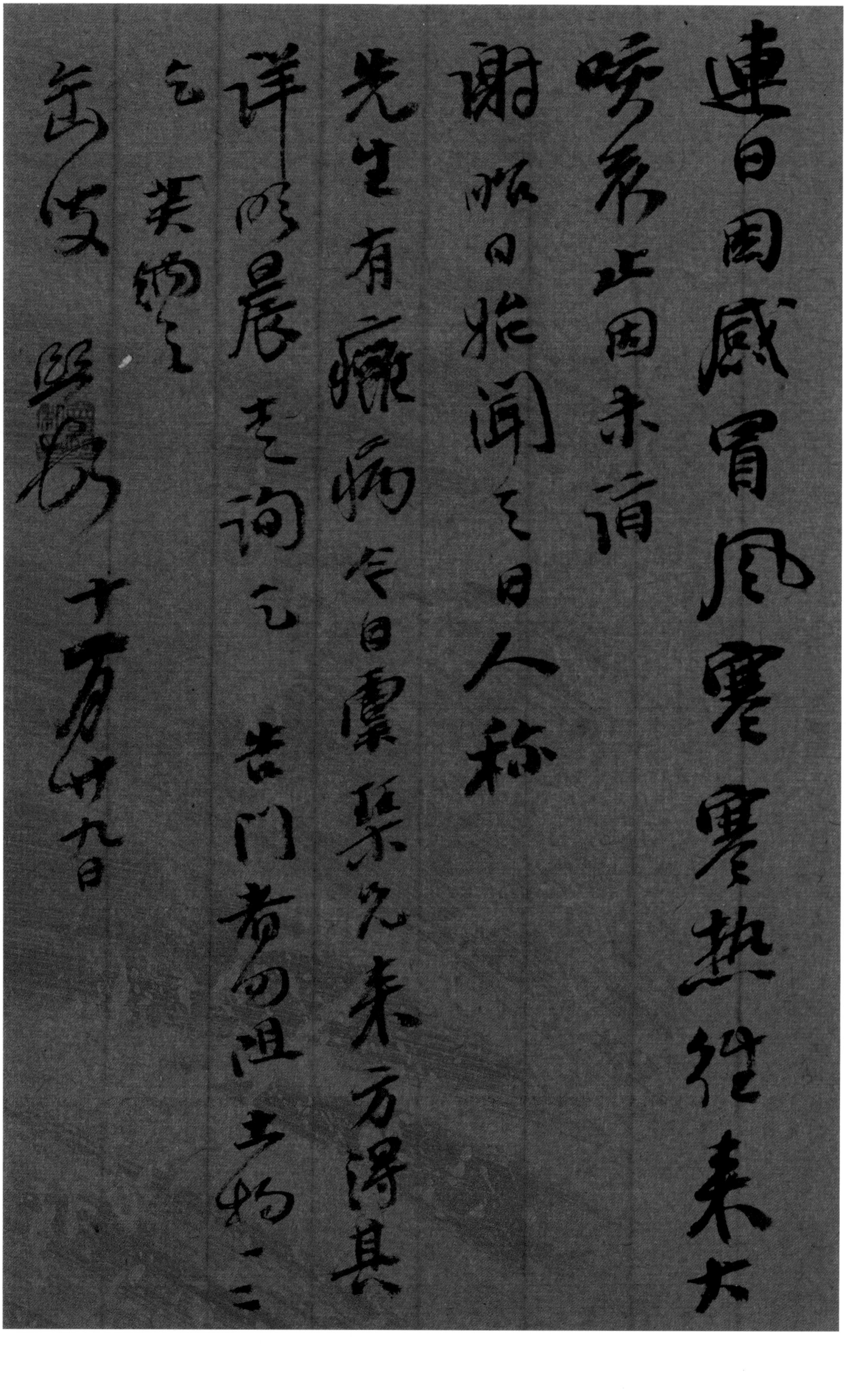

三　致吴昌碩書　縱三三厘米　橫二二厘米

連日因感冒、風寒、寒熱，往來大咳不止。因未詣謝。昨日始聞之，日人稱：先生有癧病。今日虞琴兄來，方得其詳。明晨走詢，乞告門者勿阻。土物一二，乞笑納之。缶叟。熙頓首。十二月廿九日。

四　致哈少甫書　縱二八厘米　横一七・五厘米

昨見令郎，告以畫價。今日又有人來，議定四四之數（能多更好，乞酌之），以明日十二鐘前定事。尊處如照價，以今晚六七鐘携款取畫尚可。如至明晨，則不便取回前議。即頌少甫先生午安。熙頓首。十七午。

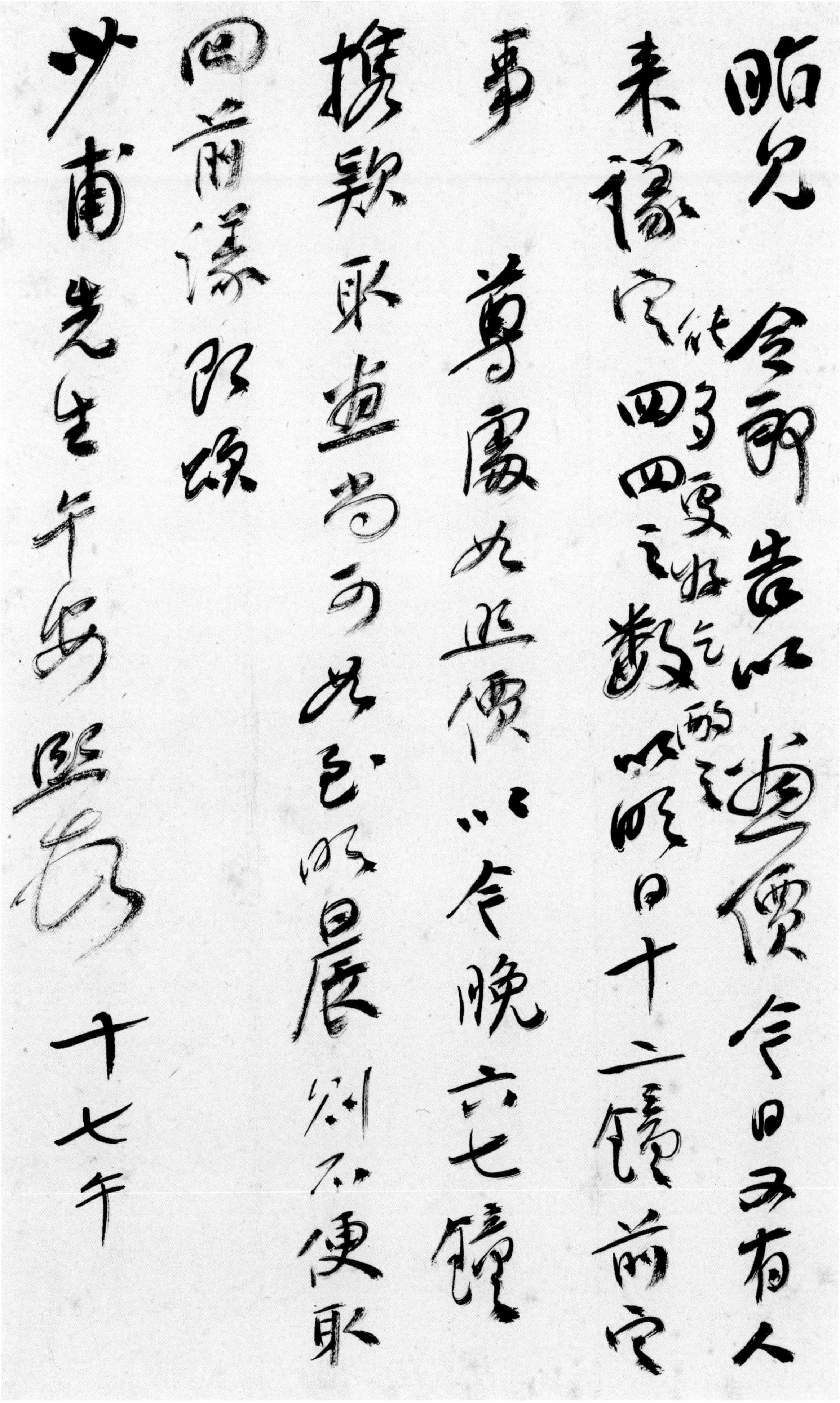

少甫先生閣下前日孝道生
轉將
尊意叅二告行冬日復奉
手書已感懷二十日為先君
誕辰道生與以石是日亦有先

五　致哈少甫書　縱二八厘米　横三五厘米

少甫先生閣下：前日李道士轉將尊意拳拳告髯，今日復奉手書，至感。惟二十日爲先君誕祭，道士與小石是日亦有先約，請以二十一日午刻爲期，已與道士、小石諸友共商定，以赴盛會。冬寒，幸珍攝自衛。十月既望，熙頓首頓首。

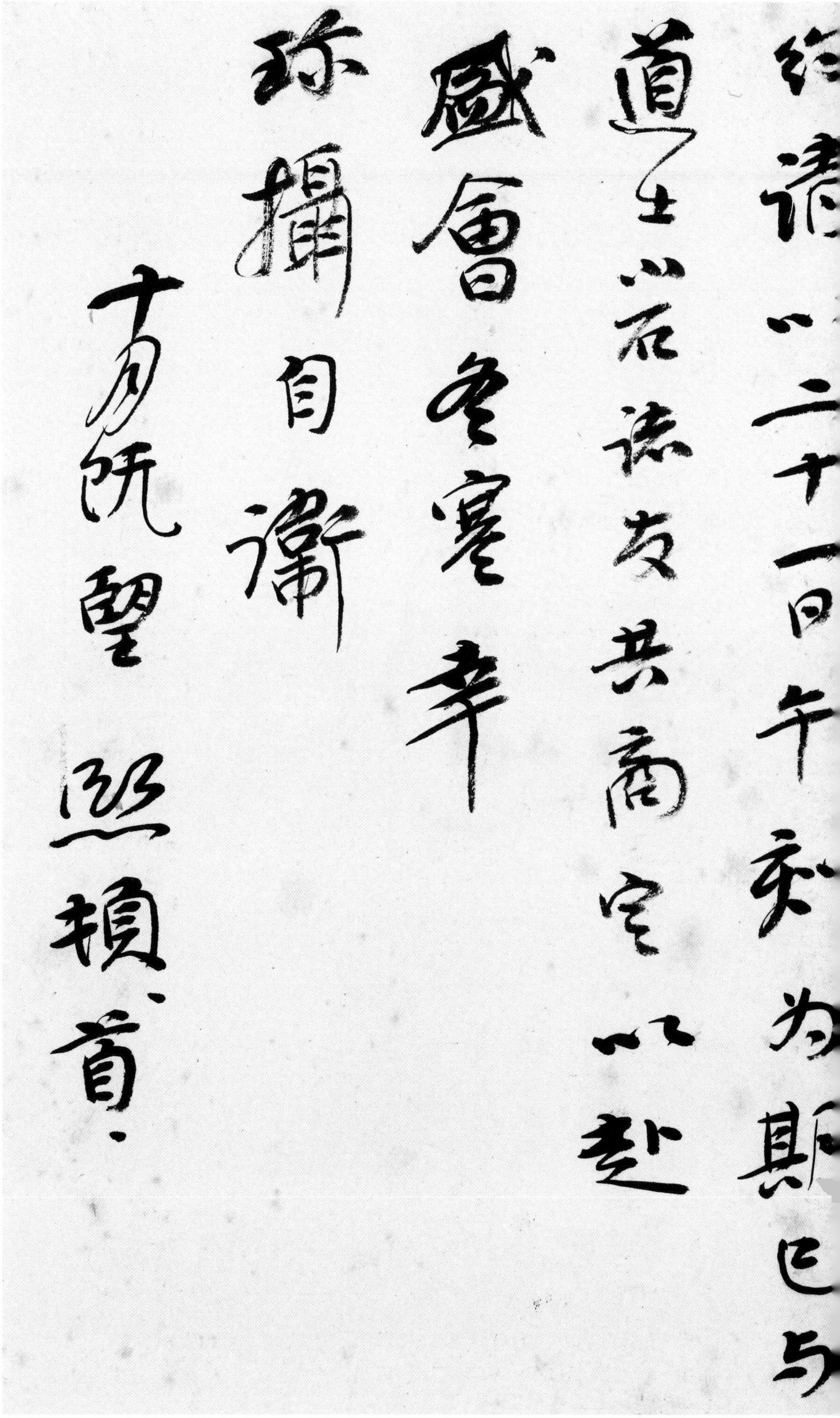

天漸寒洌，想
起居康勝。而同
鄉郎君醴陵樓
有三代器，乞
公鑒定。倘有主人肯

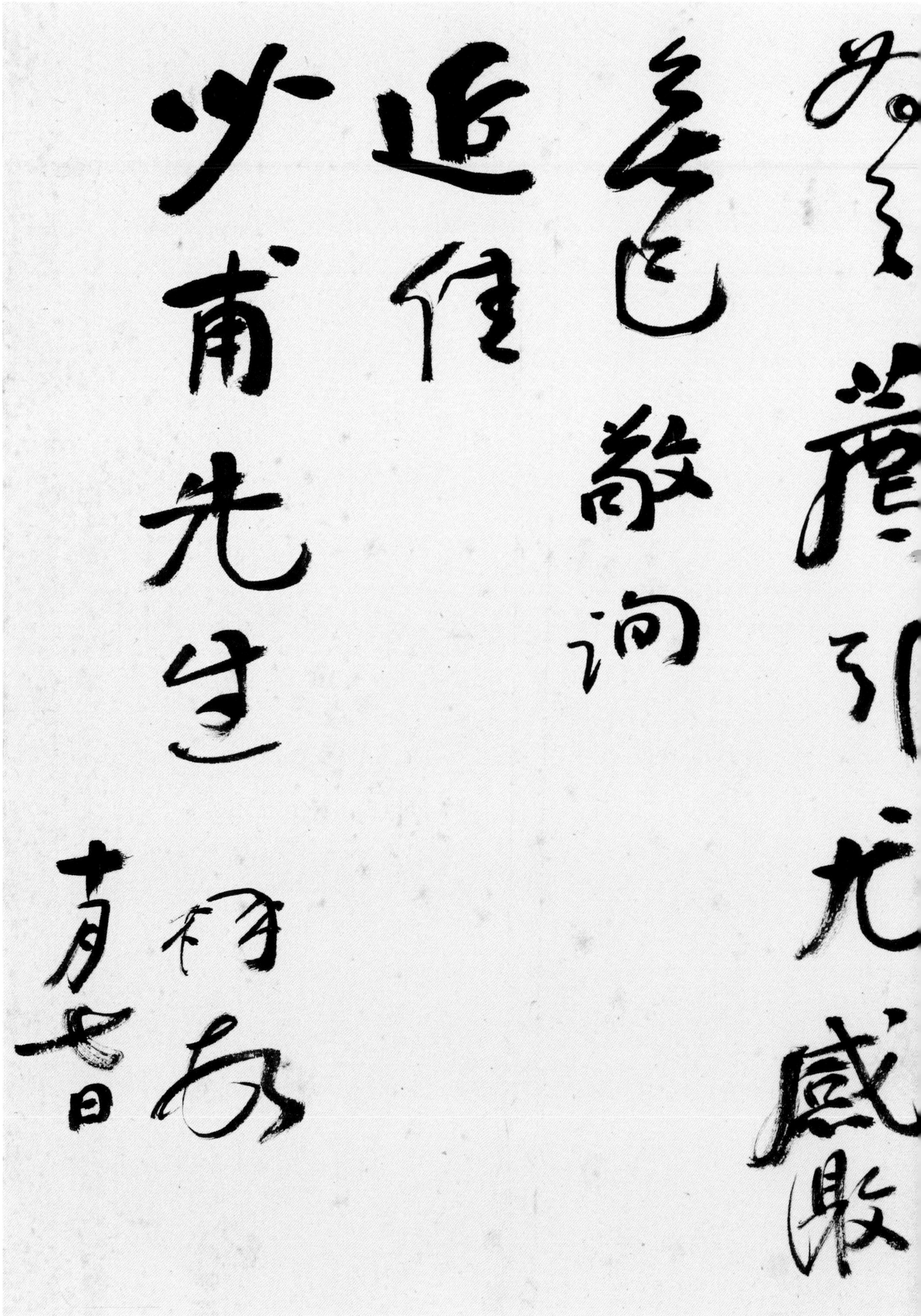

六　致哈少甫書　縱二七厘米　橫四五厘米

天漸寒冽，想起居康勝。有同鄉郭君震丞携有三代器，乞公鑒定，倘有主人并爲之薦引，尤感激無已。敬詢近佳，少甫先生。髯頓首。十月七日。

少甫先生閣下：李冊

如張季慢樓之松江令

題來與鄭公友對兩題均

而不即三同來

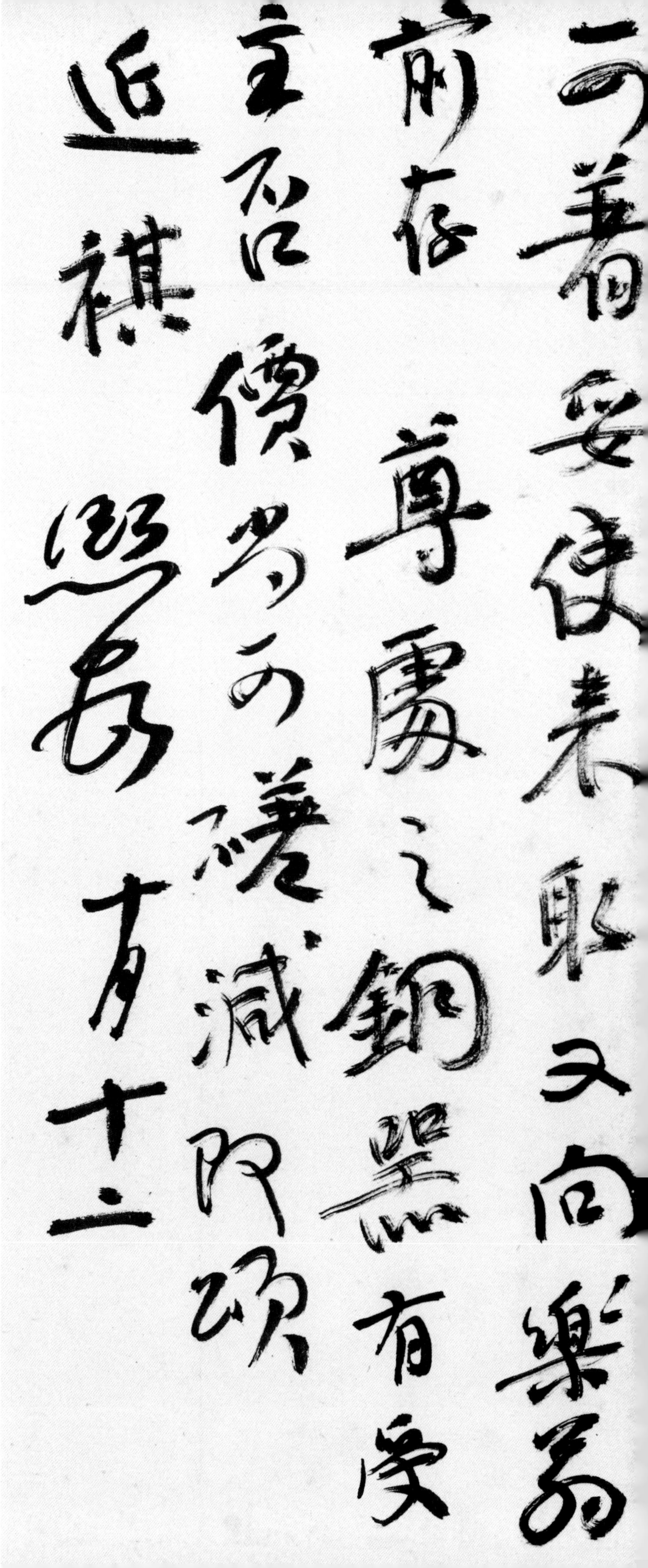

七　致哈少甫書　縱三一厘米　橫二八厘米

少甫先生閣下：李册爲張季蝯携至松江，今題來，與鄭公反對，兩題均可不印，已與朱言之，先生可著妥使來取。又向樂翁前存尊處之銅器有受主否？價當可磋減。即頌近祺。熙頓首。十月十二。

昨得
大簡知蒿叟已先為道
歉已感孤兒院已出成
十題照日請飭紀來取
道人為書已裁就帋題
識為付裱其直冊青元

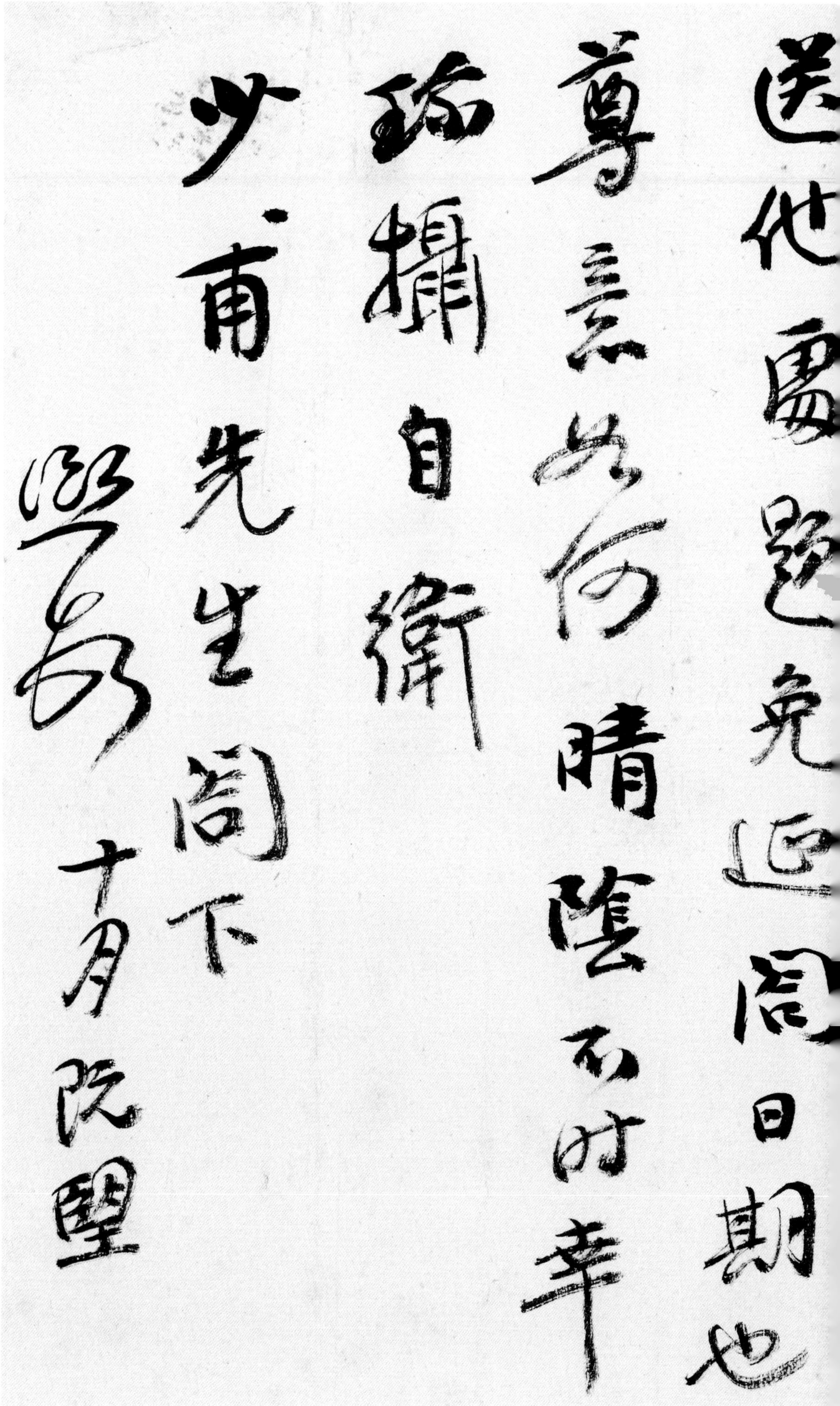
送他處題免延閣日期也
尊意如何晴陰不時幸
珍攝自衛
少甫先生閣下
熙頓首十月既望

八　致哈少甫書　縱二七厘米　橫四〇厘米

昨得大簡，知蒿叟已先爲道歉，甚感，甚感。孤兒院已書成十起，明日請飭紀來取。道人手書，已裁就紙，題成另付裱坊，其原册請先送他處題，免延閣日期也。尊意如何？晴陰不時，幸珍攝自衛。少甫先生閣下。熙頓首。十月既望。

渴
急極感
先生道士至文也為之
見蘇龕時詳道一切照
為道士乃此也債不言筆
笑蘇龕特任為建王

九　致哈少甫書　縱二九厘米　横四〇五厘米

得手書，極感。先生，道士至交也。尚乞見蘇龕時，詳道一切。熙爲道士了此書債，不言筆貲。蘇龕叔侄爲建玉梅花庵捐千元，并勒石上，此道義中事也。一言九鼎，不勝銘感。秋雨苦人，想起居佳勝。少甫先生。熙頓首。八月七日。

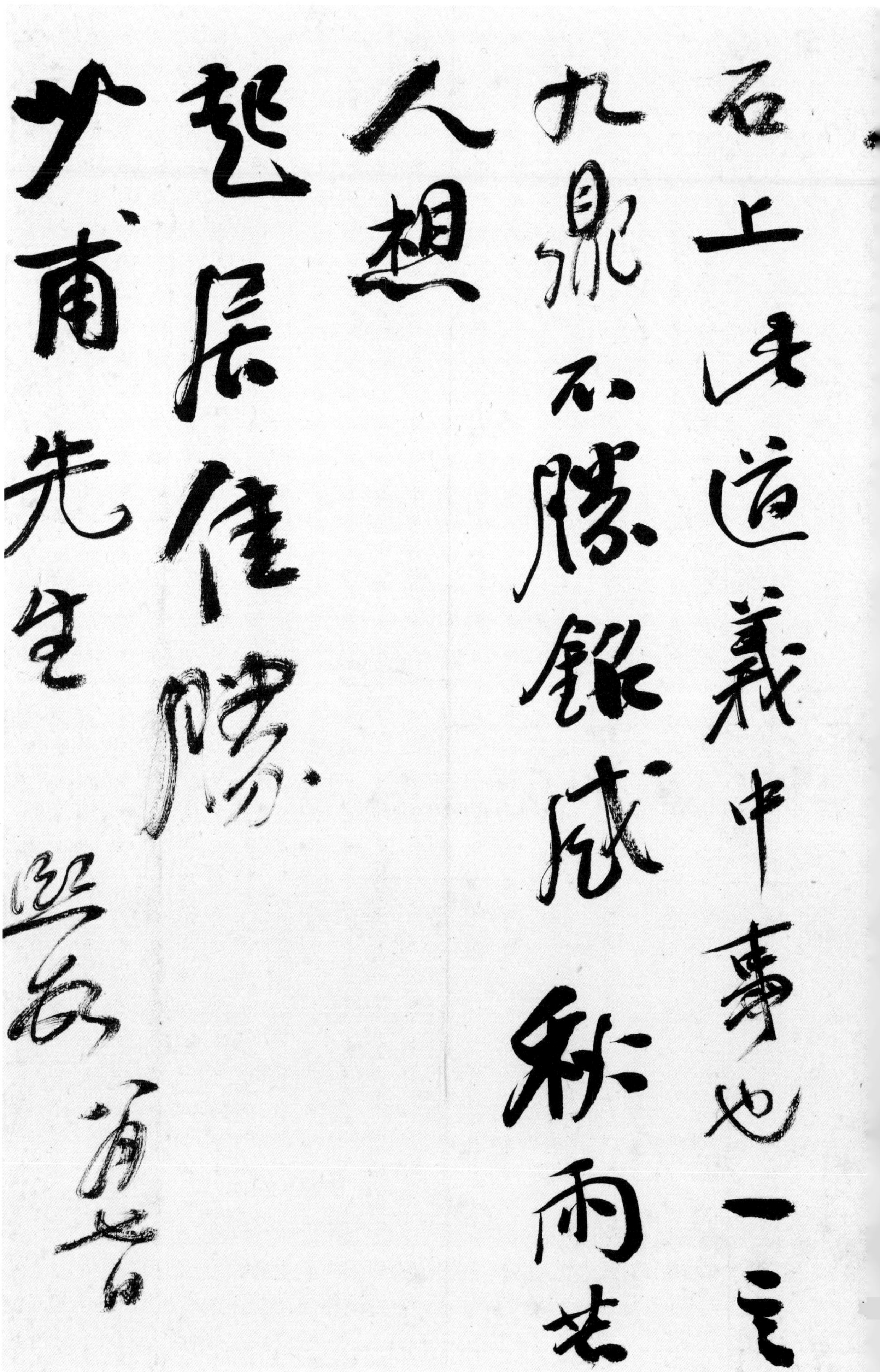
石上此道義中事也一言
九鼎不勝銘感秋雨苦
人想起居佳勝
少甫先生
熙頓首 八月七日

前承
枉顾得
鹤汝至快史馆备文懋
行状想经仲乾已撰成帐
拜颐问者
霞程某一式应付入乞

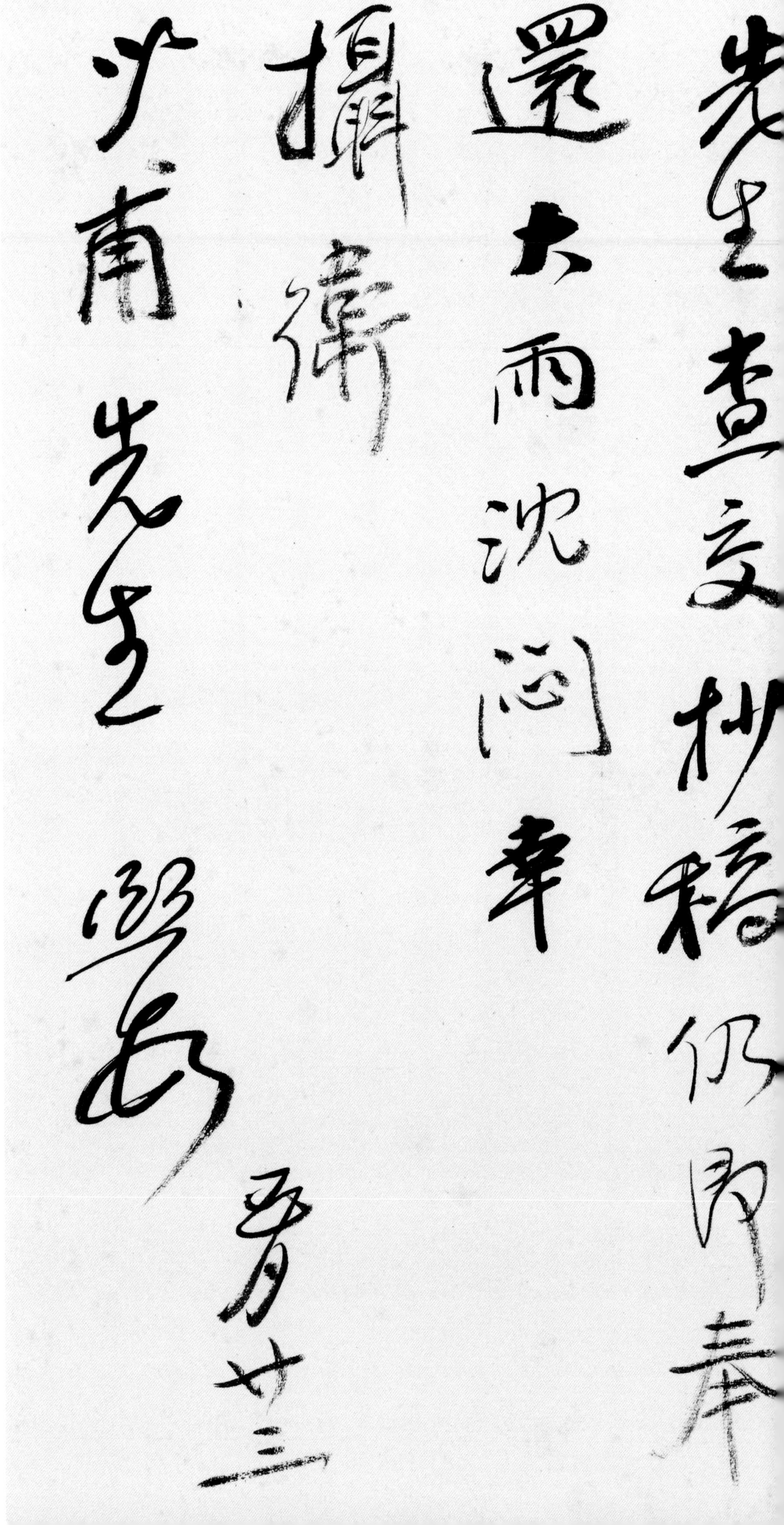
先生查交抄稿仍即奉
還大雨沉悶幸
攝衛
少甫先生熙頓首
五月廿三

一〇　致哈少甫書　縱二九厘米　横三八厘米

前承枉顧，得暢談至快。史館催文潔行狀，其姪仲乾已撰成，惟覆程某一書（辭顧問書）應付入，乞先生查交抄稿，仍即奉還。大雨沉悶，幸攝衛。少甫先生。熙頓首。五月廿三。

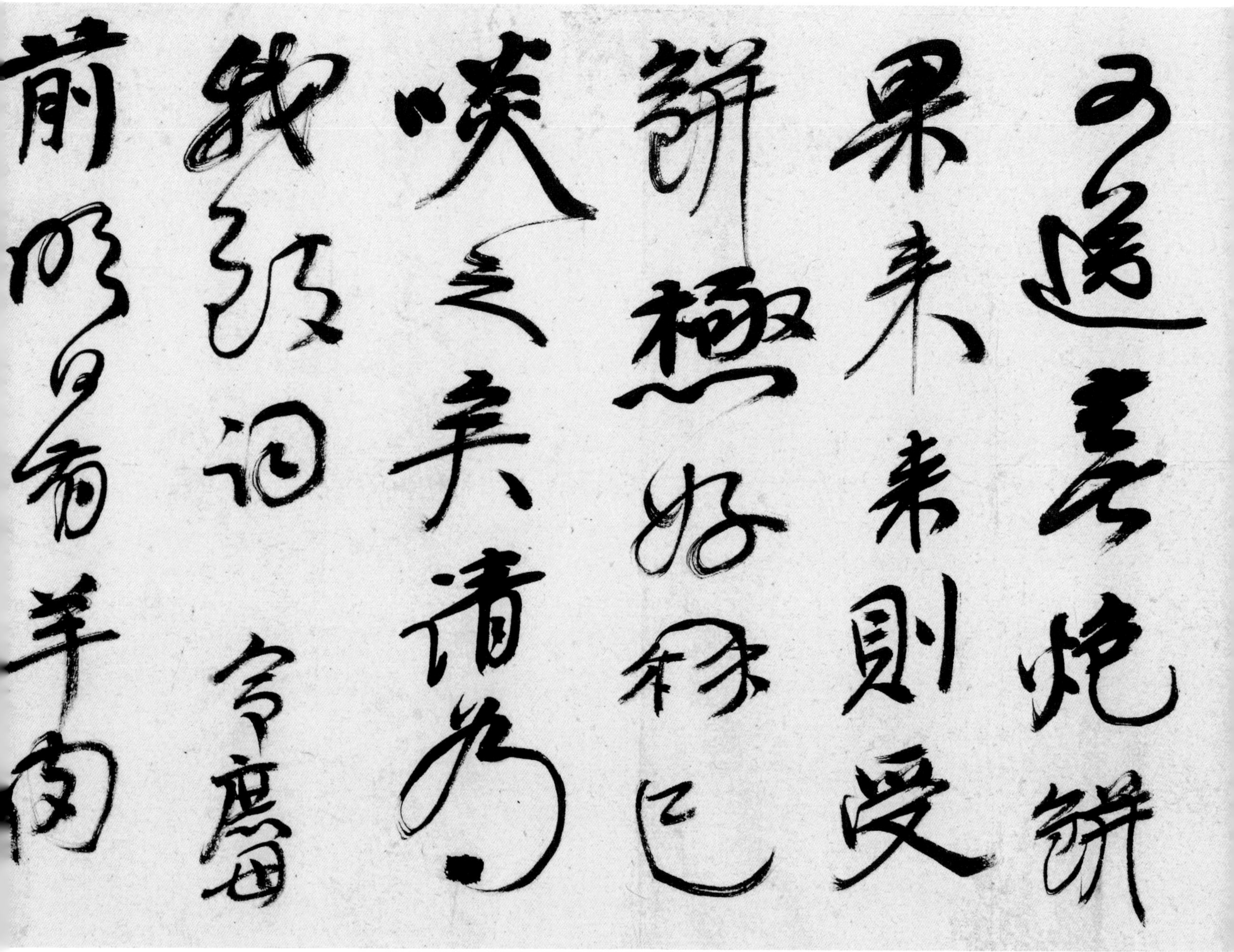
又送喜炮餅果來來則受餅極好髯已啖之矣請爲我致詞令庶母前明日有羊肉

一一　致李瑞清書　縱一九厘米　橫五二厘米

又送喜炮餅果來，來則受，餅極好，髯已啖之矣。請爲我致詞令庶母前。明日有羊肉麪，但不敢請耳。昨日感觸眼發赤，不得赴三弟約。道弟。髯啓。五月廿五，貴上。

數日不能請耳
昨日感觸眼發
赤不得赴　三弟
約
道歉　稍啓
勇芝
貴上

眠睡殊少愈然為碌
高風清鳴正如縱止牛
首三月晝夜至也託
宗雲樓上二十卷為
前來屬車贊隸年

一二　致李瑞奇書　縱二七厘米　橫三九厘米

眼疾雖少愈，然尚不能當風，清明正不能上牛首，三月當可至也。託宗霍携上二十番，爲弟來滬車費。鐵年已晤，已重託之，不識可補球否？請伯雨即候弟來，以髯尚苦酬酢也。三弟。髯上。十六夕。

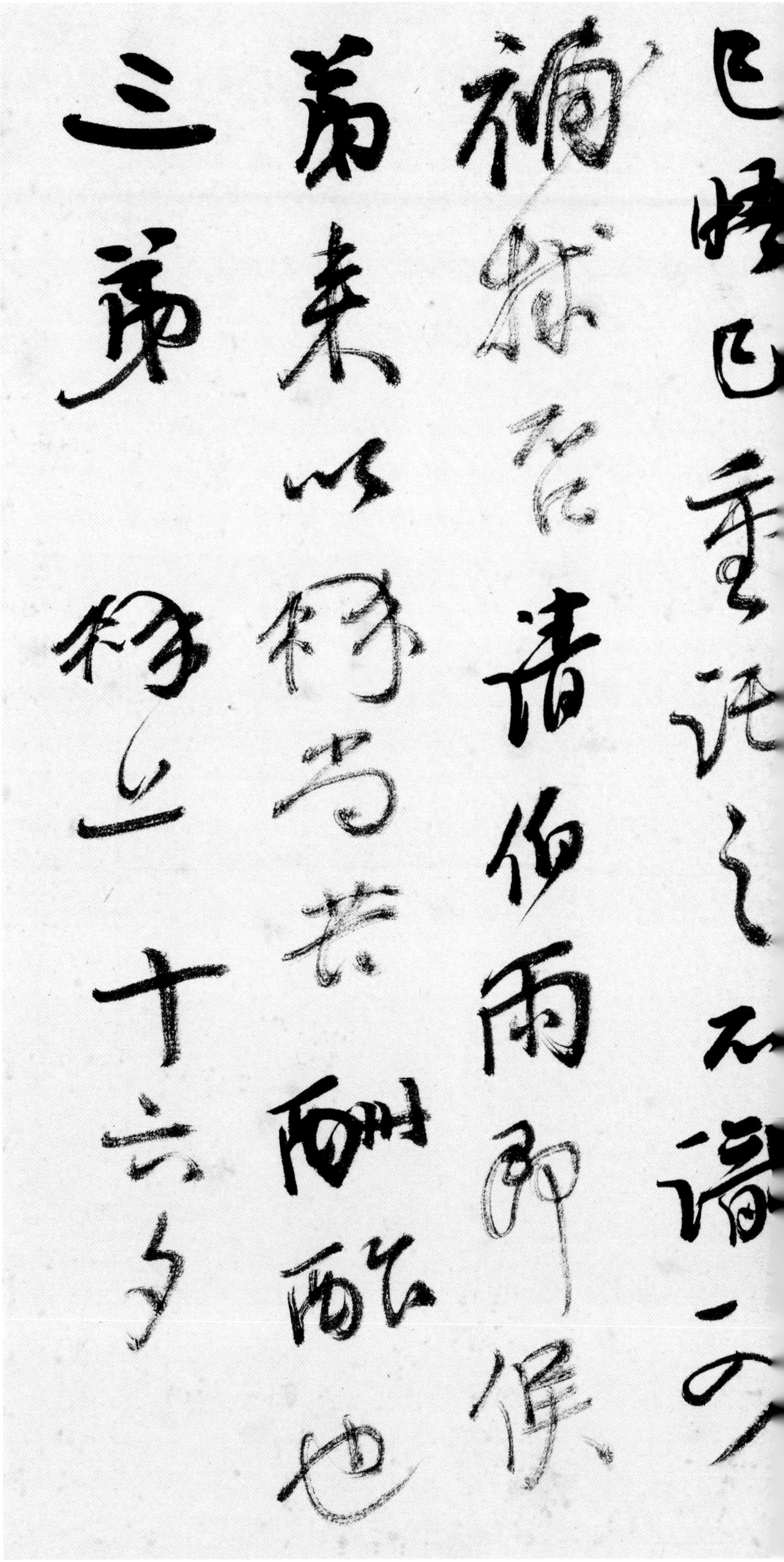

道兄札二册先交上

并宜加夹版淳化閣

帖殘本請鄭杼一看

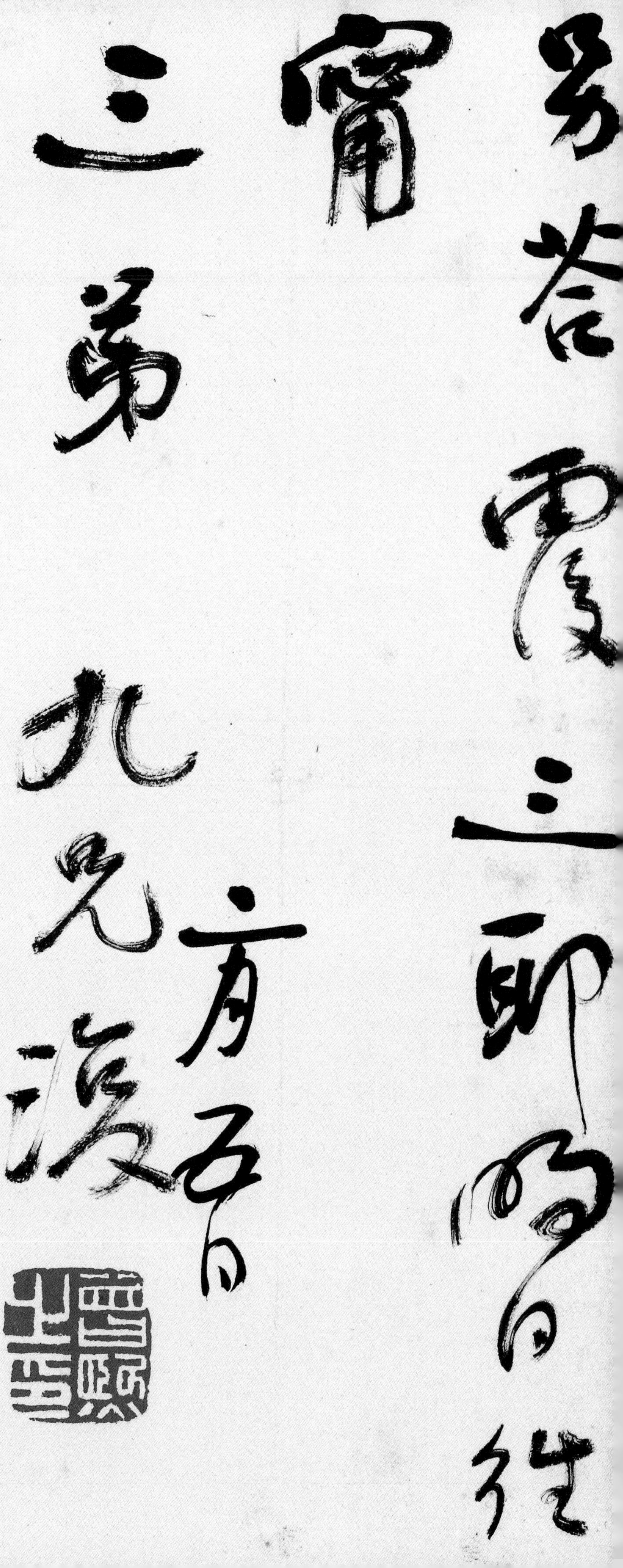
另答覆。三耶明日往寧。三弟。九兄復。二月五日

一三　致李瑞奇書　縱二八厘米　橫二八厘米

道人手札二册先交上，并宜加夾版。《淳化閣帖》殘本，請擲髯一看，另答覆。三耶明日往寧。三弟。九兄復。二月五日。

瀛代熙識之等蘭亭

所稱祖存有臣王著摹

五字令將佩文齋譜

原書奉上乞

查一段之何如

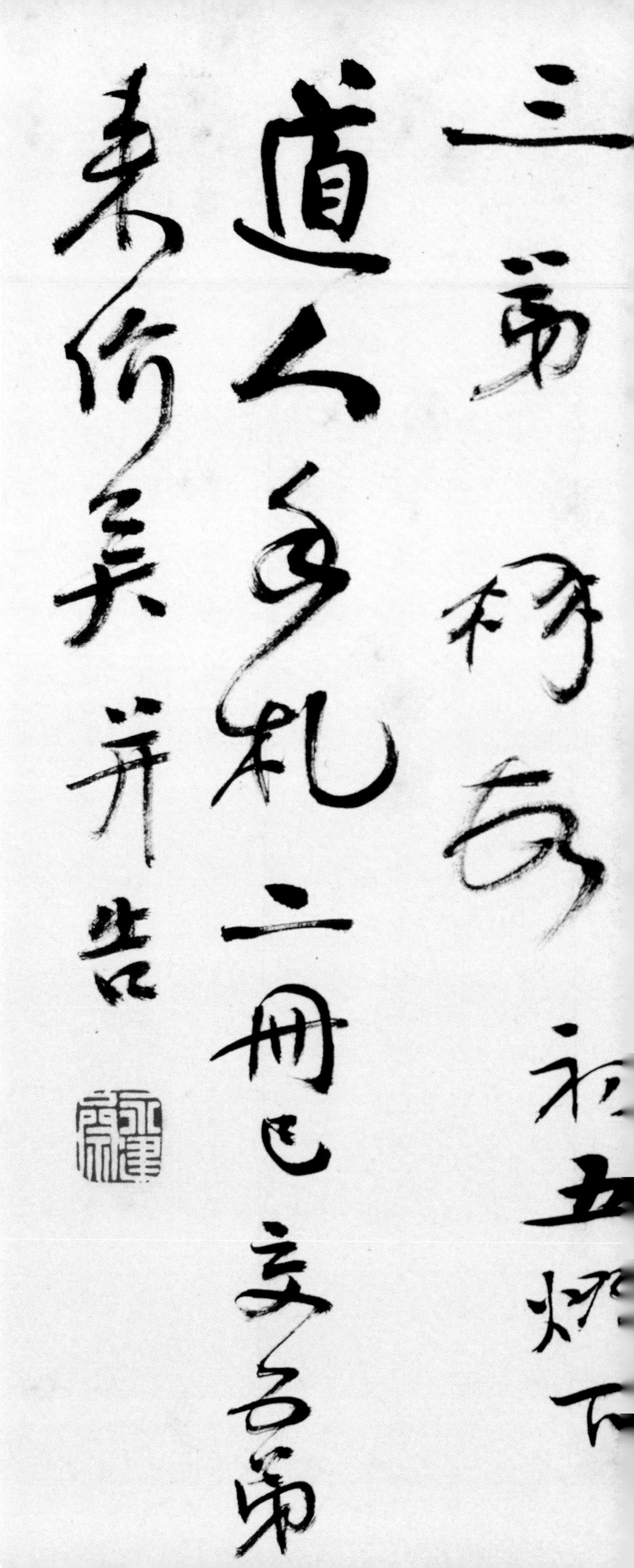
三弟稽首。初五燈下。道人手札二冊，已交五弟來價矣，并告。

一四　致李瑞奇書

縱二八厘米　橫三二厘米

《淳化》聚訟，亦等《蘭亭》。所稱祖本有『臣王著摹』四字。今將《佩文書畫譜》原書奉上，乞查校定何如？三弟。髯頓首。初五燈下。道人手札二冊，已交五弟來價矣，并告。

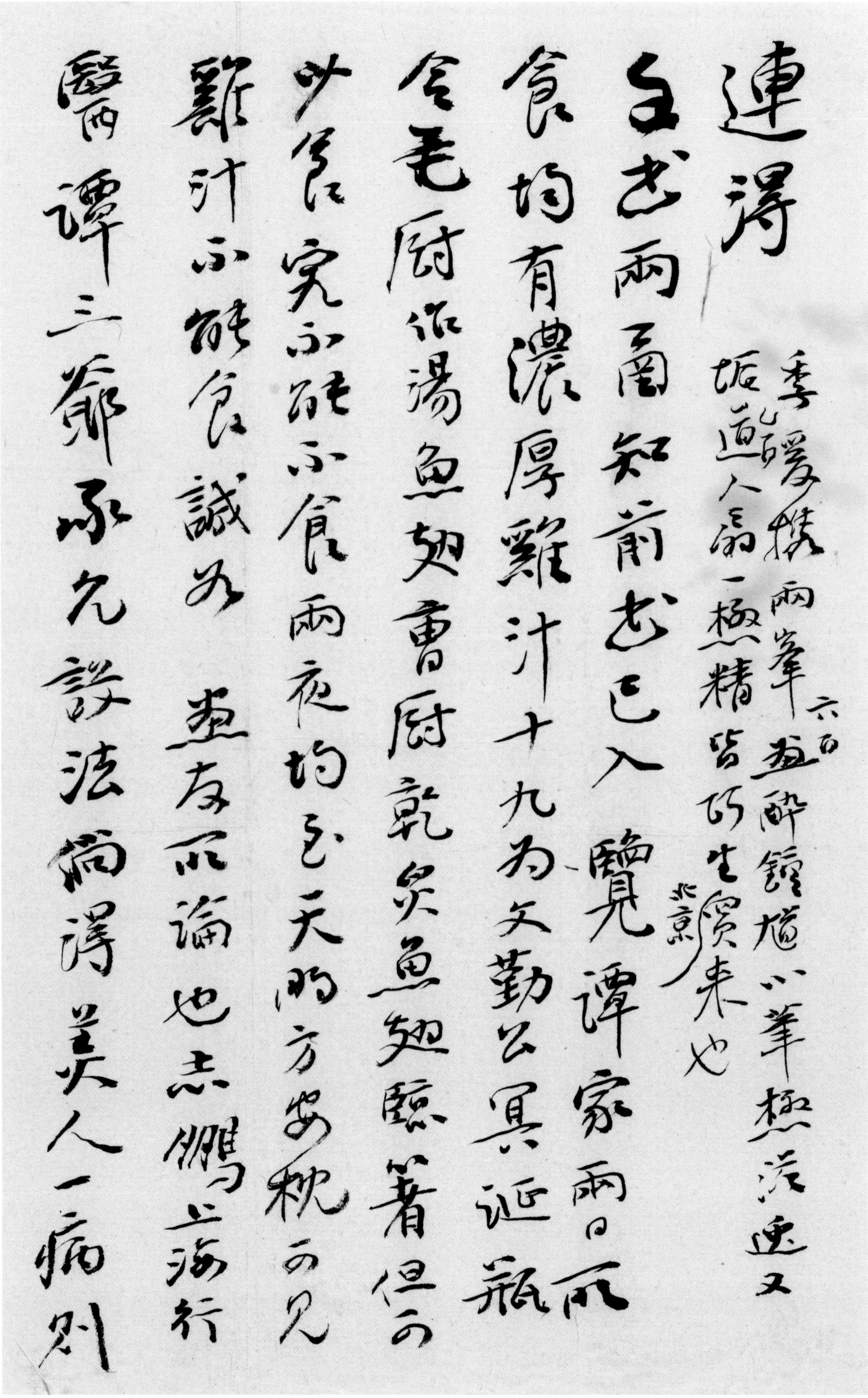
季爰携兩峰畫醉鍾馗六百小筆極瀟逸又垢道人扇一極精皆巧生北京買來也
連得手書兩函知前書已入覽譚家兩日所食均有濃厚鷄汁十九爲文勤公冥誕瓶令宅廚作湯魚翅曹廚乾炙魚翅臨箸但可少食究不能不食兩夜均至天明方安枕可見鷄汁不能食誠如畫友所論也志鵬上海行醫譚三爺承允設法倘得美人一病則

一五　致李瑞奇書　縱二八厘米　橫一九厘米

（季爰携兩峰畫醉鍾馗（六百），小筆極瀟逸；又垢道人扇一（乙百），極精，皆巧生北京買來也。）

連得手書兩函，知前書已入覽。譚家兩日所食均有濃厚鷄汁。十九爲文勤公冥誕，瓶令宅廚作湯魚翅，曹廚乾炙魚翅，臨箸但可少食，究不能不食。兩夜均至天明方安枕，可見鷄汁不能食，誠如畫友所論也。志鵬上海行醫，譚三爺承允設法。倘得美人一病，則

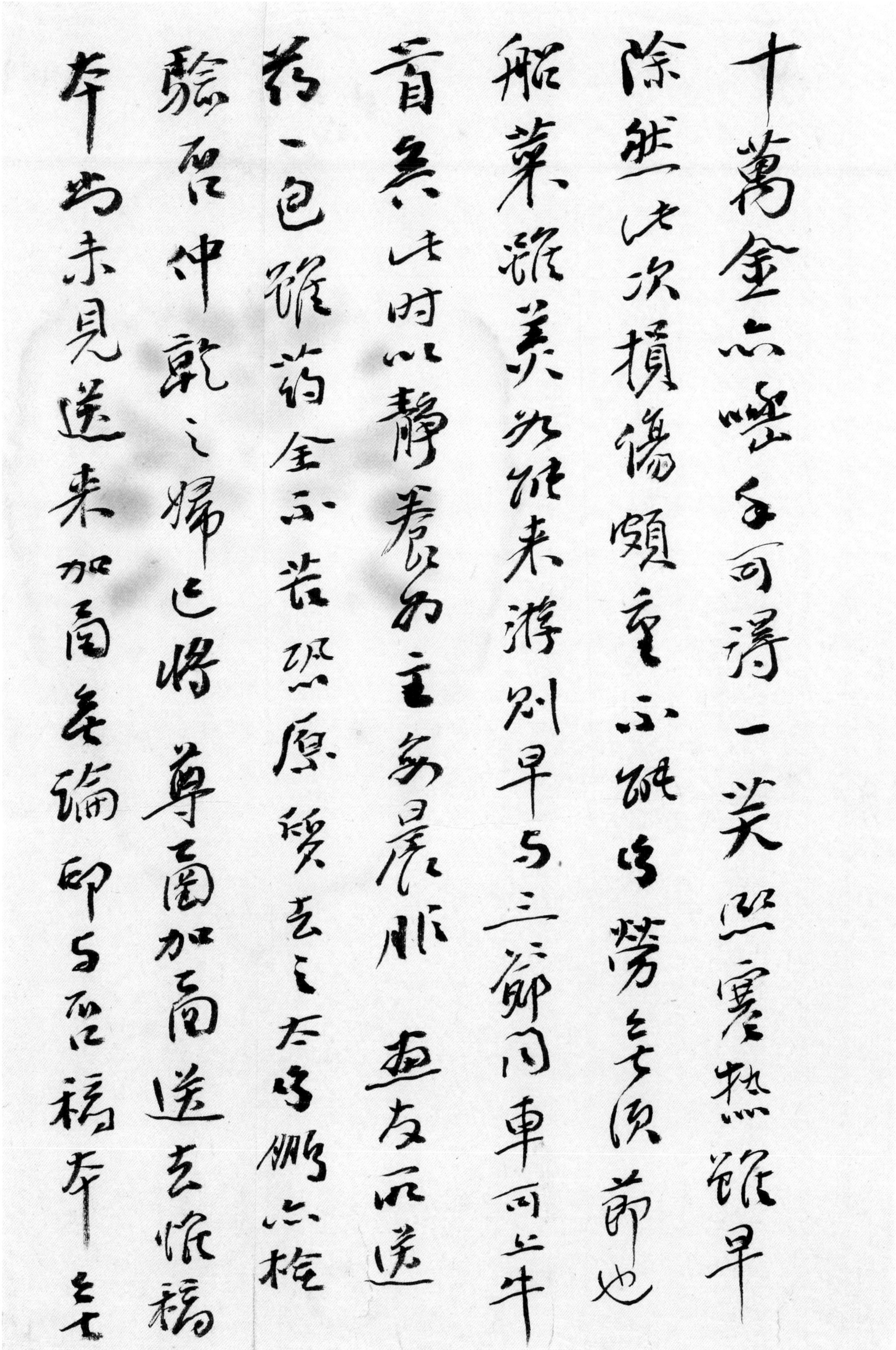

十萬金亦唾手可得。一笑。熙寒熱雖早除，然此次損傷頗重，不能多勞，無須節也。船菜雖美，如能來游，則早與三爺同車，可上牛首矣。此時以靜養爲主，每晨服晝友所送藥一包，雖藥全不苦，恐原質去之太多，鵬亦檢驗否？仲乾之婦已將尊函加函送去，惟稿本尚未見送來，加函無論印與否，稿本無

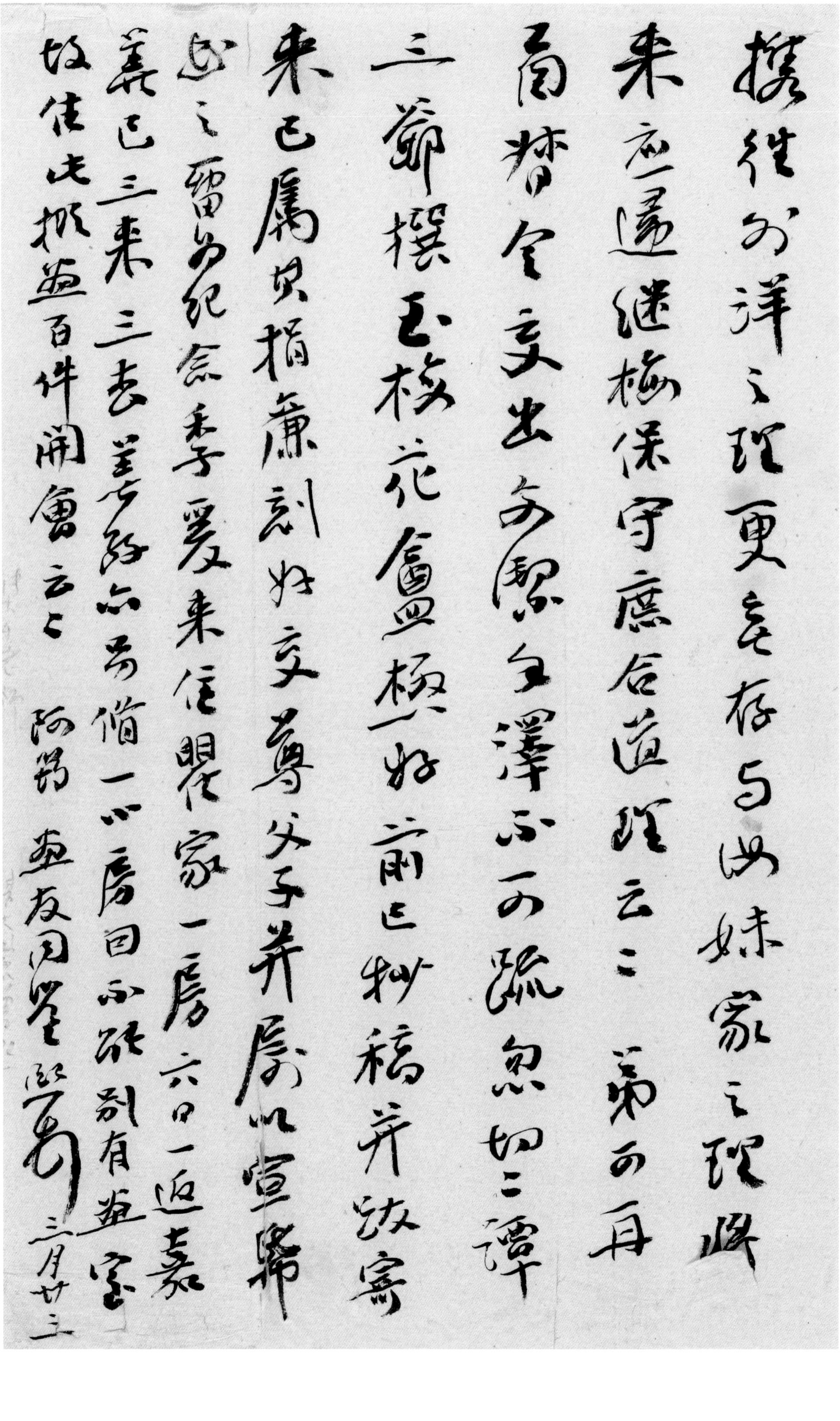

携往外洋之理，更無存與汝妹家之理。將來應歸繼梅保守，庶合道理云云。弟可再函，督令交出，文潔手澤，不可疏忽，切切。譚三爺撰《玉梅花庵》，極好。前已抄稿并跋寄來，已屬其捐廉，刻好交尊父子，并屬以宣紙書之，留爲紀念。季爰來住瞿家一房，六日一返嘉善，已三來三去。善孖亦另備一小房，因不能別有畫室，故住此，擬畫百件開會云云。阿筠畫友同鑒。熙頓首。三月廿三。

一六　致唐吉生書　縱二五厘米　橫一四厘米

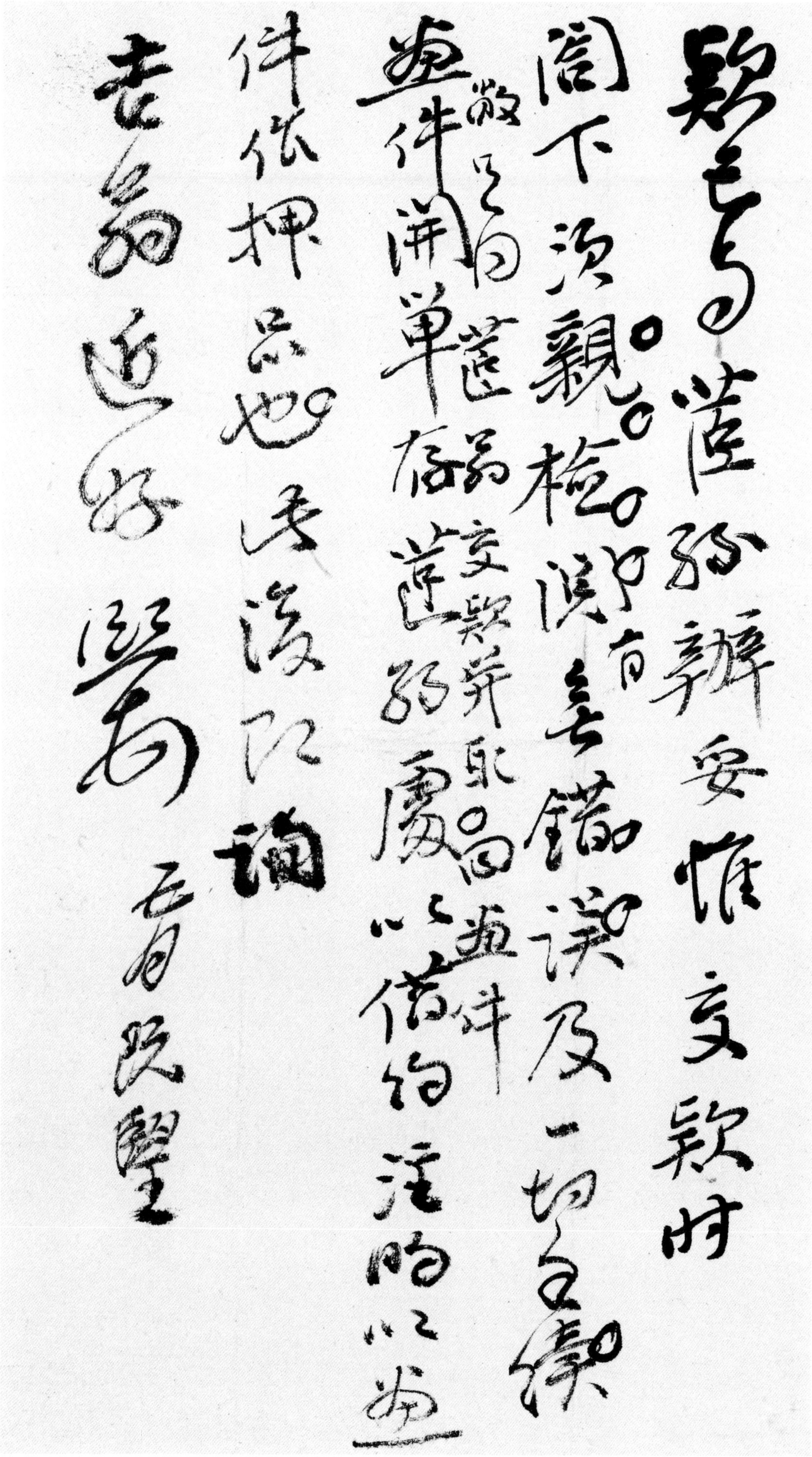

款已與莒孫辦妥，惟交款時，閣下須親檢閱有無錯誤及一切手續。畫件開單存莒孫處（敝足同莒翁交款，并取回畫件），以借約注明，以畫件作押品也。此復即詢吉翁近好。熙頓首。五月既望。

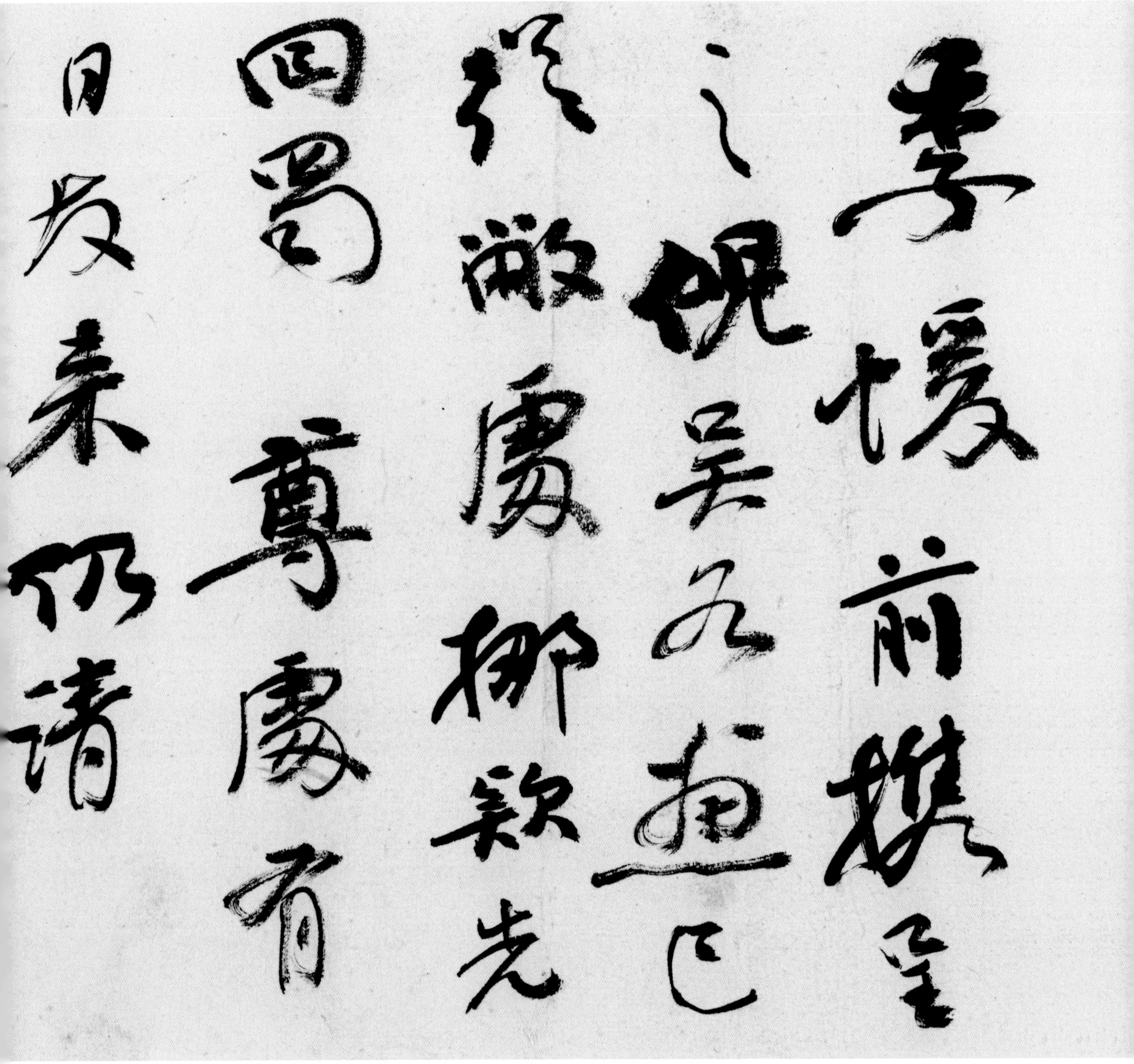

一七　致唐吉生書

縱一五厘米　横三五厘米

季蝯前攜呈之倪、吴各畫，已從敝處挪款先回蜀。尊處有日友來，仍請閣下極力進行，其畫件皆存敝處，隨時可看。吉翁。熙頓首。正月既望。聞梅瞿山小册，尚在尊處，能否再借一讀？

閣下檔之進行
其餘件皆存敝
處隨時可看
吉翁手長書 天 石阮
聞楊晨以小冊尚在
尊處能否再借一
讀

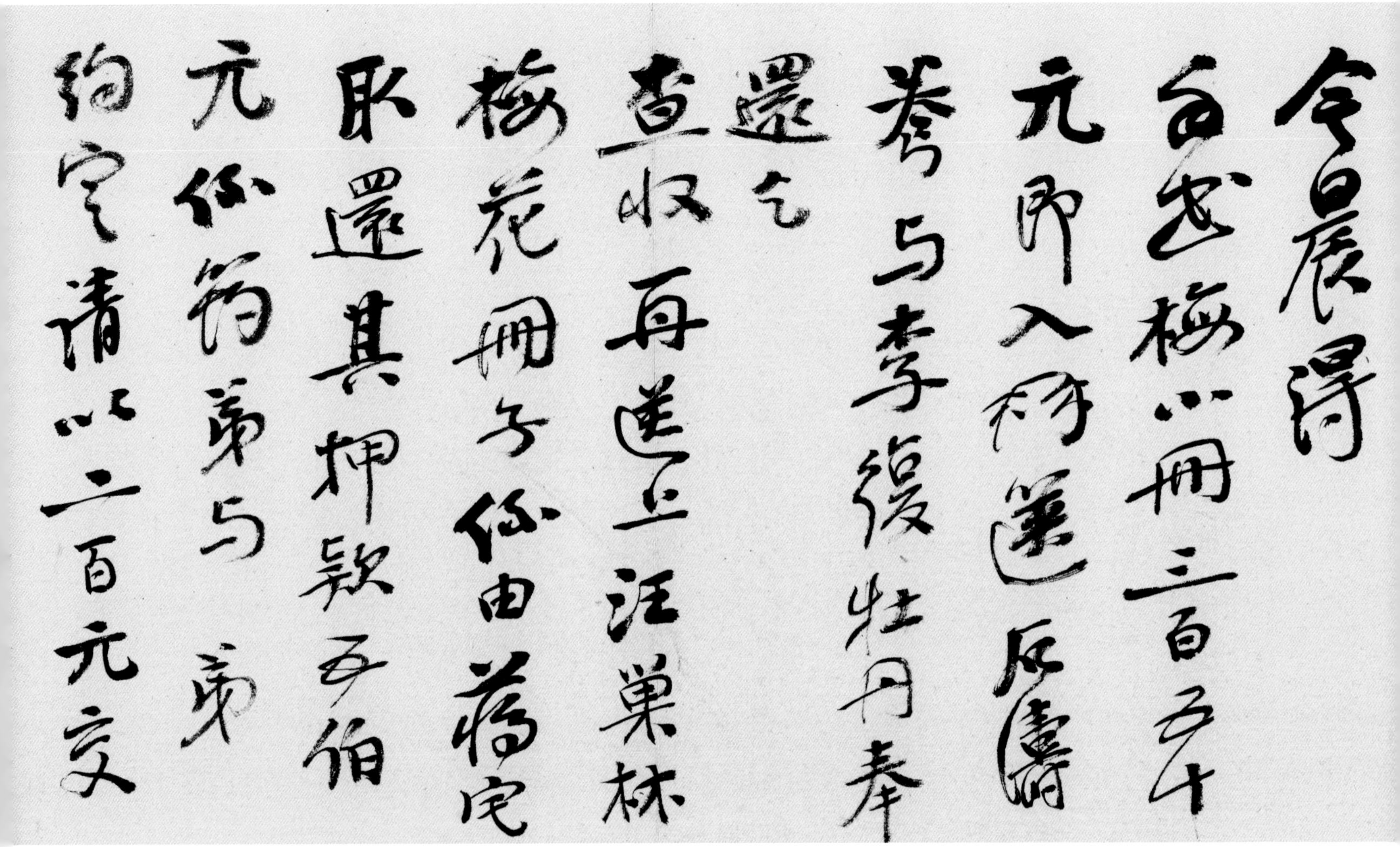
今晨得
手書梅小冊三百五十
元即入髯篋石濤
卷与李復牡丹奉
還乞
查收再送上汪巢林
梅花冊子係由蔣宅
取還其押款五佰
元係筠弟与　弟
約定請以二百元交

一八　致唐吉生書　縱二〇厘米　横七一厘米

今晨得手書，梅小册三百五十元即入髯篋。石濤卷與李復（堂）《牡丹》奉還，乞查收。再送上汪巢林《梅花》册子，係由蔣宅取還，其押款五佰元，係筠弟與弟約定，請以二百元交筠，其三百元即作髯還弟之三百元，下欠二百元容再繳（《藍》欠百五十，《梅》尚欠五十）。未識汪册能多押六十元否？髯多收筠弟之六十，此數亦仍歸弟收，乞酌之，并乞復示。吉翁。熙頓首。二月朔。

樂叟乞借八大山水屏絹本一讀。

拜還第三百元

藍只百五十按當只五十

下只二百元容再繳來

識照注冊紙隨押六十

元拜隨收隨第之六

十張數亦仍歸第

收乞酌之并乞

復示

吉爲拜致

芳翔

樂安乞借八大山人水屏俯奉

一讀

前与农叟语访遇
偶对出为怅散有实
情极重据以为画助振
一切办法与弟筹商
暇日弟何时有御请

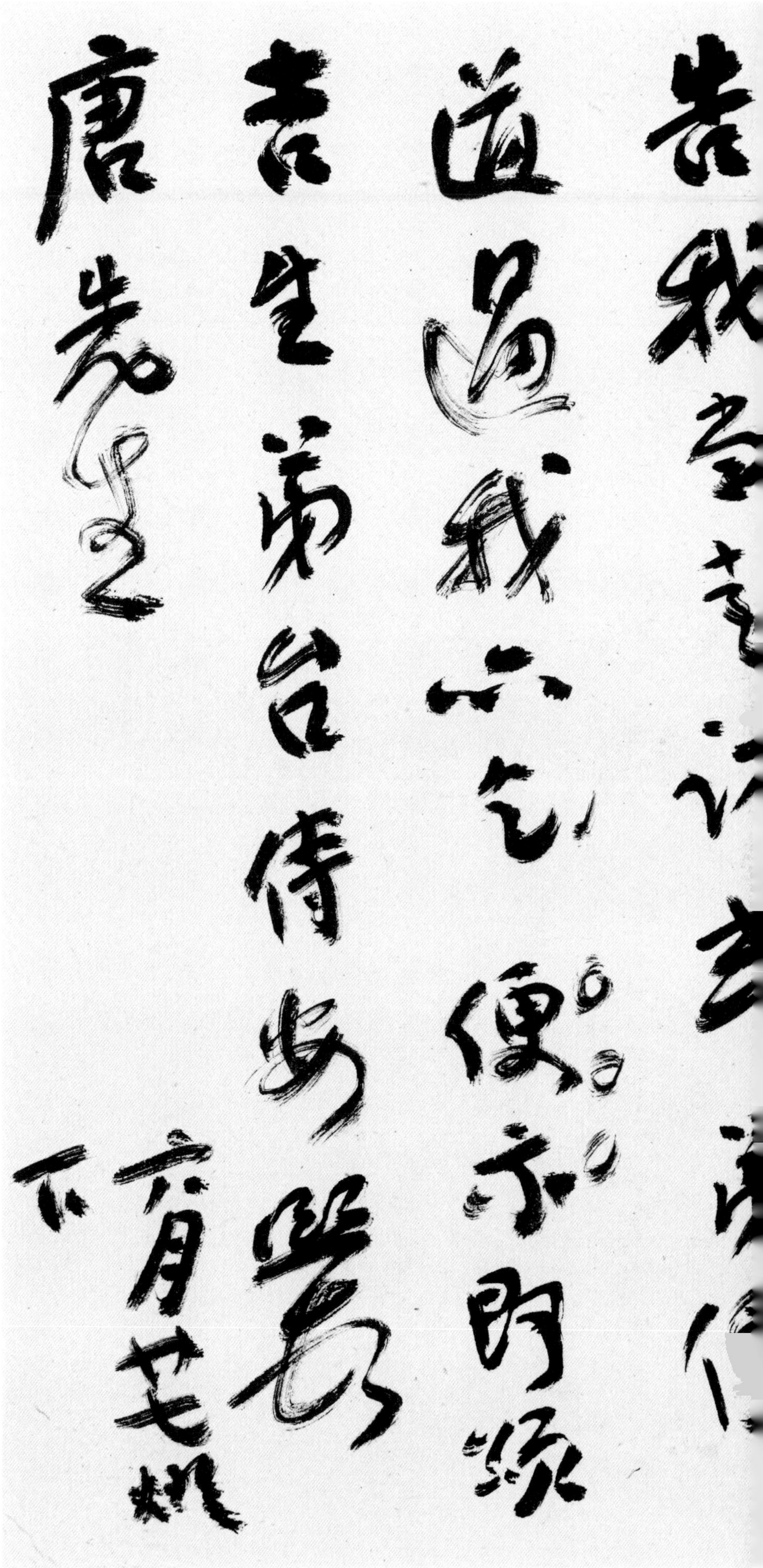

一九　致唐吉生書　縱二二厘米　橫三一厘米

前與樂叟詣訪，適駕外出爲悵。敝省災情極重，擬以書畫助振，一切辦法與弟籌商。明日弟何時有閑，請告我，當走訪；或弟便道過我，亦乞便示。即頌吉生弟台侍安。唐先生。熙頓首。六月廿七燈下。

不蜀之后田卷已还
阁下日末荣多新造

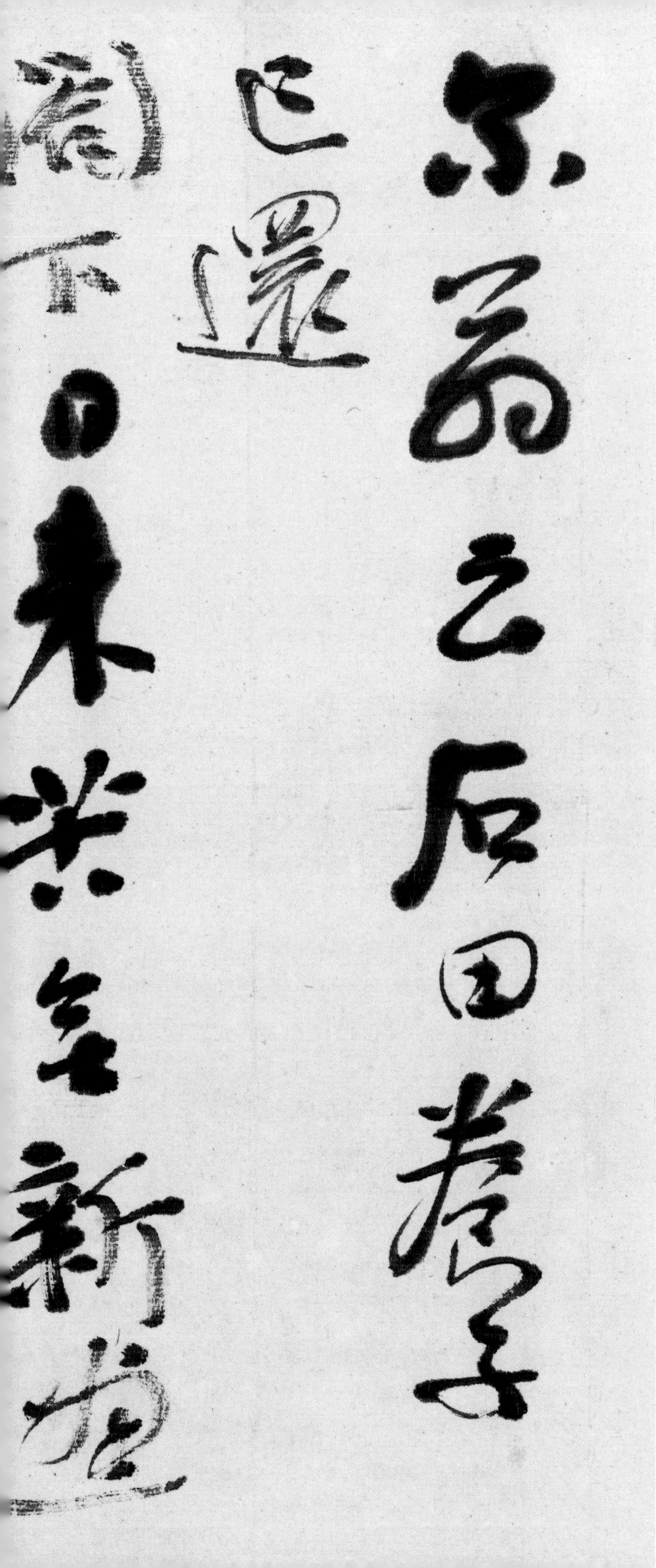

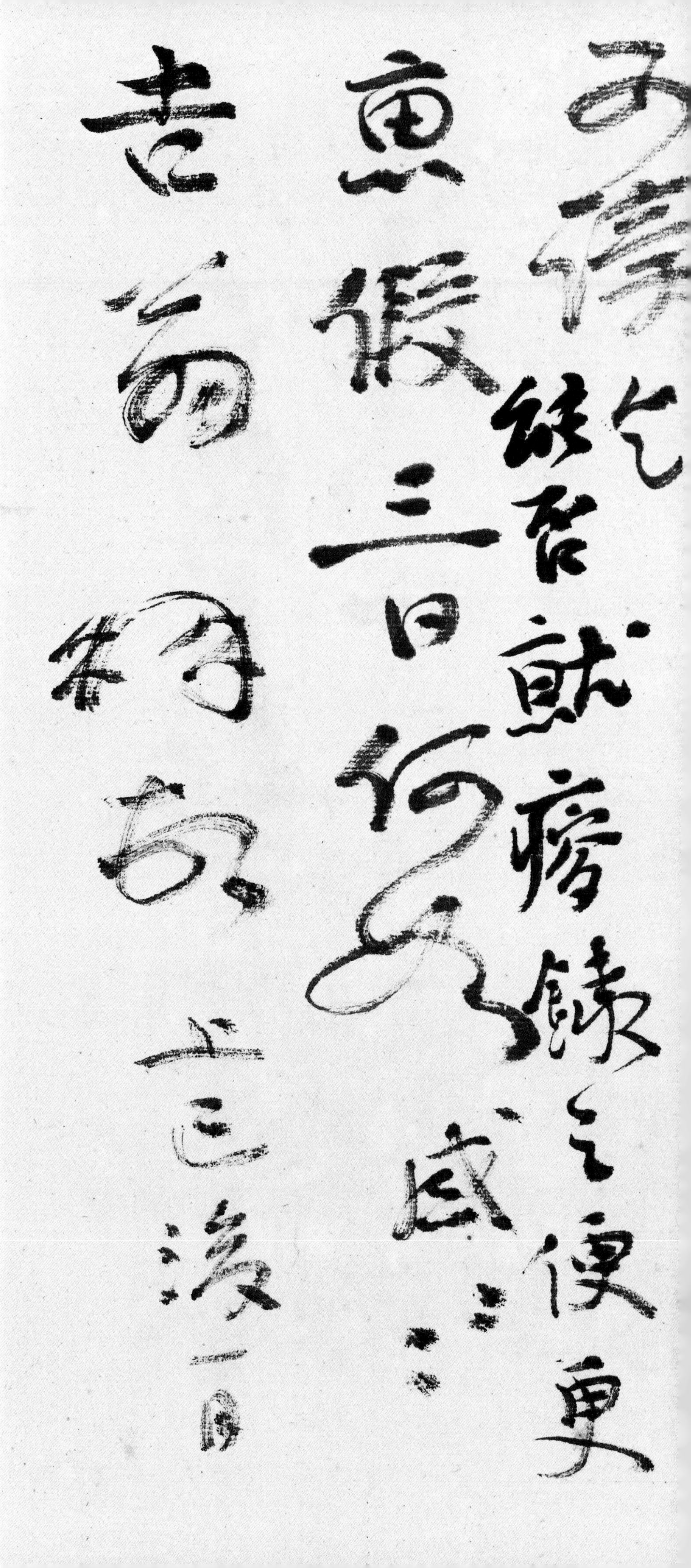

二〇　致唐吉生書　縱二七厘米　橫二六厘米

爾翁云：石田卷子已还閣下。日来苦無新畫可讀，乞惠假三日何如？（能否就瘦鐵之便，更感！更感！）吉翁。髯頓首。
上已後一日。

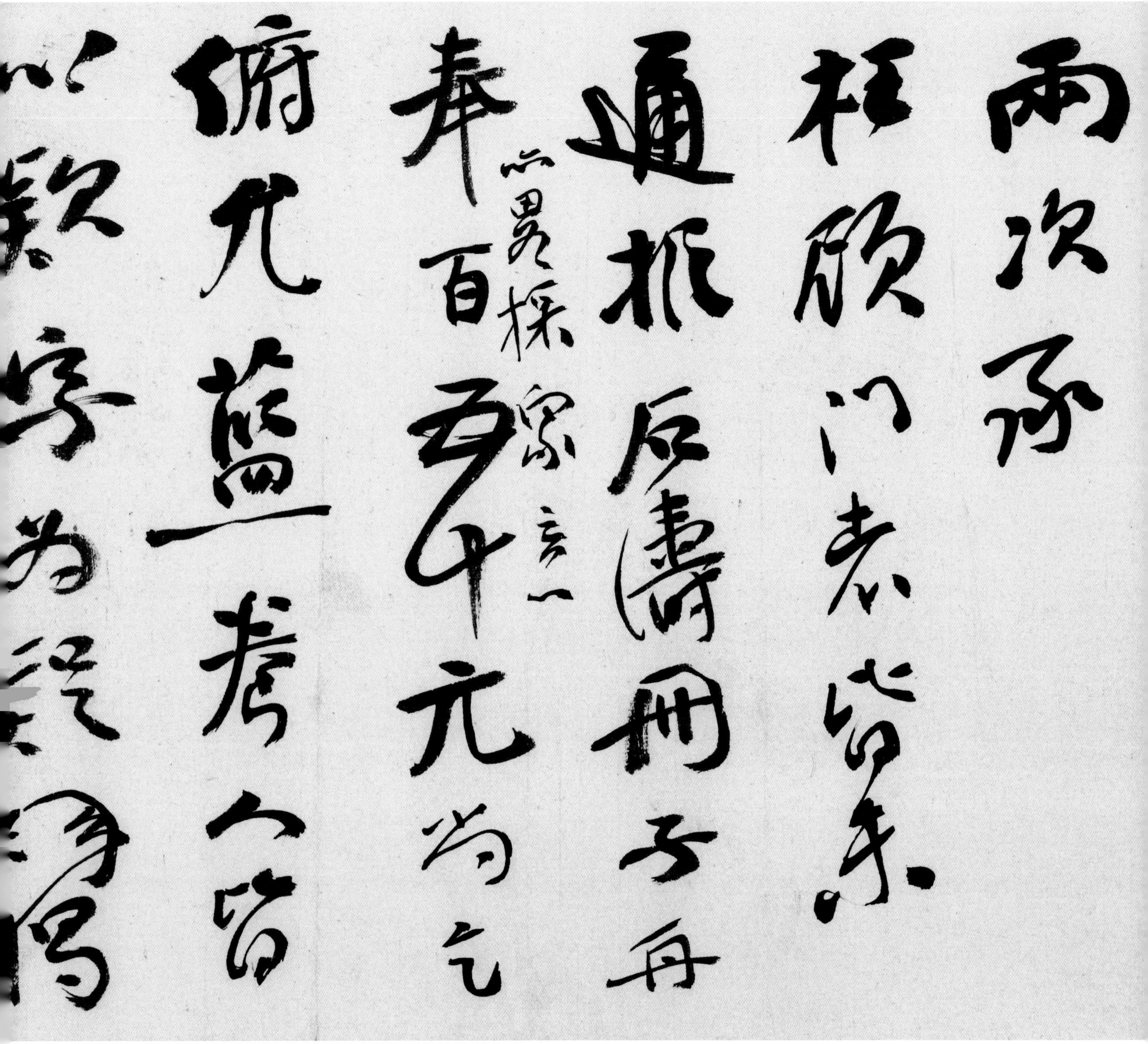
兩次承
枉顧門者皆未
通報石濤册子再
奉百五十元亦略採衆意尚乞
俯允藍卷人皆
以款字爲疑

二一　致唐吉生書

縱二一厘米　橫四八厘米

兩次承枉顧，門者皆未通報。石濤册子再奉百五十元（亦略採衆意），尚乞俯允。藍卷人皆以款字爲疑，髯獨喜其用筆有骨氣，請弟以原值三數相讓，今先付上百元，餘明夕再補上。拙書聯奉尊慈，聊以記事，幸納之。吉弟。髯頓首。廿八。

甚其用筆有骨
氣，請
弟以原值三數相
讓，令先付上百元，餘
明日再補上。檢出冊
奉尊芝，聊以記事。
辛卯
吉弟楊乃 廿六

前卸寫之帋想
宸收奉上洋幣百二
十番麥賽之新遣
乞也麥自稱已與
弟言之弟已面允
之乎國戰事其主罷

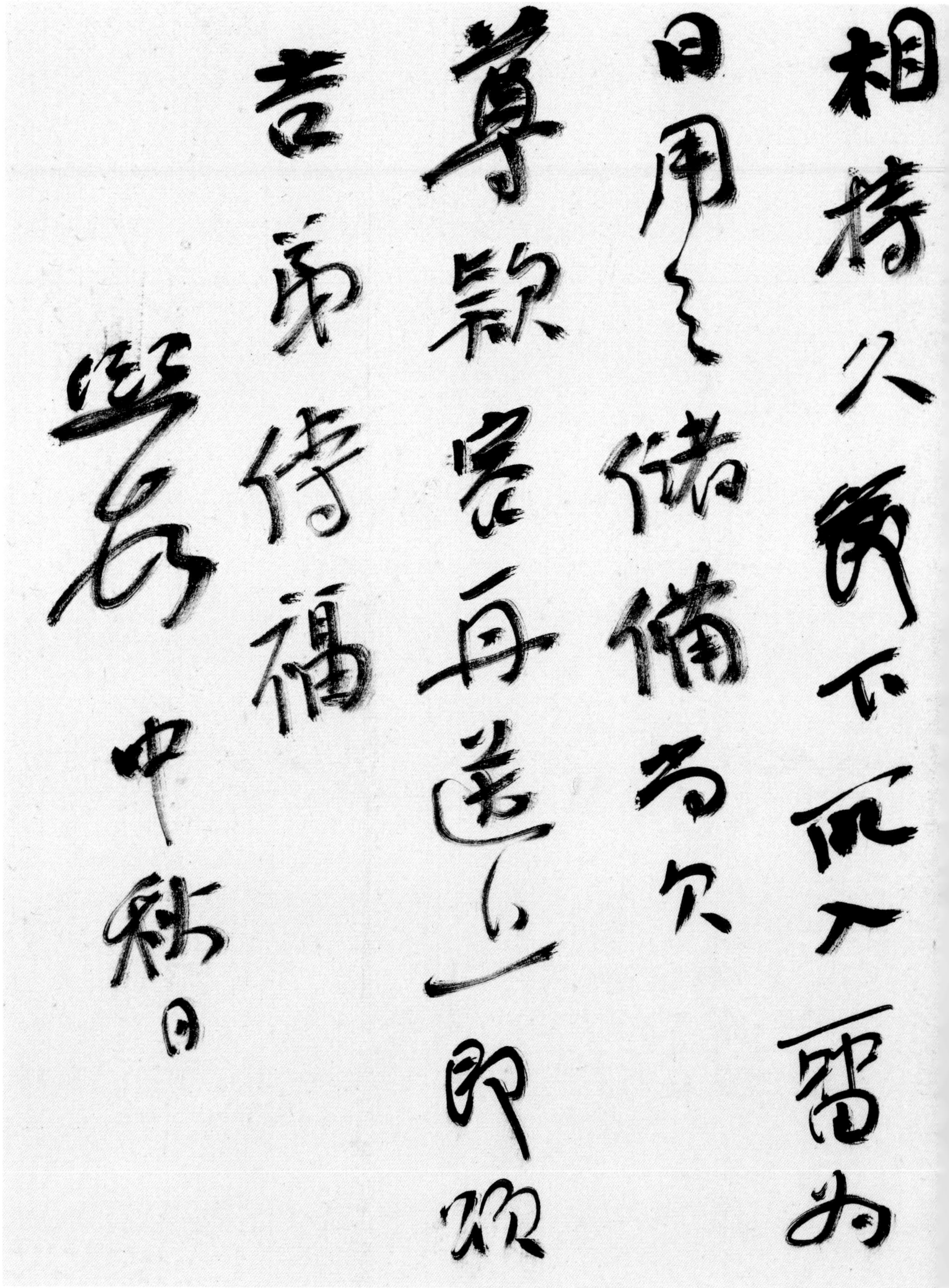
相持久，節下所入，留為日用之儲備。尚欠尊款，容再送上。即頌吉弟侍福。熙頓首。中秋日

二二　致唐吉生書　縱二六厘米　橫四四・五厘米

前郵寄一紙，想察收。奉上洋幣百二十番，季爰之顛道人也。季自稱已與弟定之，弟已面允之。髯因戰事發生，懼相持久，節下所入，留爲日用之儲備。尚欠尊款，容再送上。即頌吉弟侍福。熙頓首。中秋日。

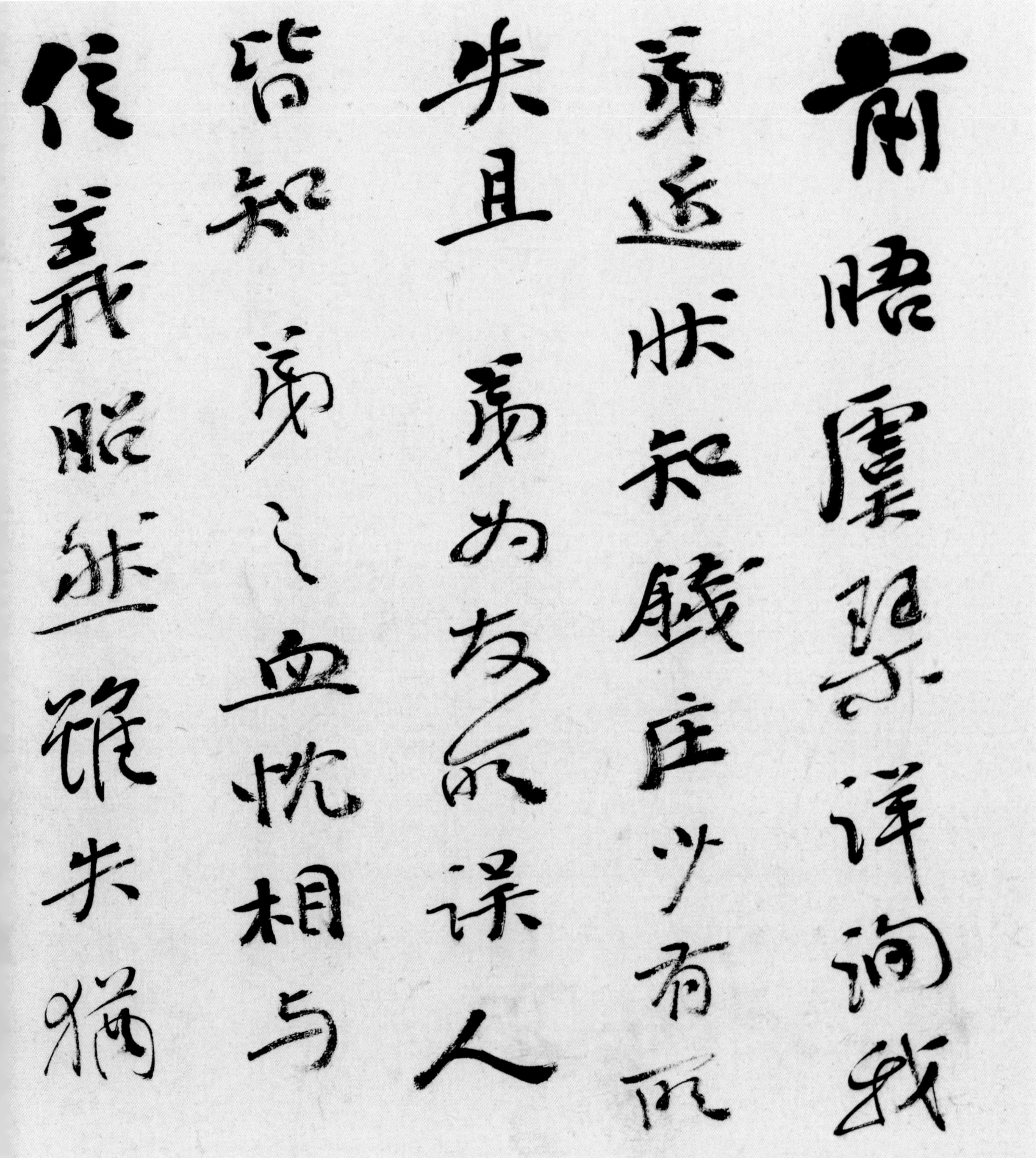

二三　致唐吉生書

縱二〇厘米　橫四一厘米

前晤虞琴，詳詢我弟近狀，知錢莊少有所失。且弟爲友所誤，人皆知弟之血忱相與，信義昭然，雖失猶得也。湘振書畫，尚乞稟明太夫人，得名畫一，勝奴子萬紙也。即頌吉弟侍福。熙頓首。八月八日。

得也湘根色画尚乞
禀明
太夫人得在画一幅
好子万弟也即頌
吉弟侍福熙頓
月日

向日在兄前云石濤臨山樵
於君一見以慰渴想金冊三
數即歸還弟石濤之偽
餘箱遲奉上前攜去吳家
石濤箋札冊子再三商之
之言六十元為定吳須北上此須
如不欲留即乞交下去件已有人

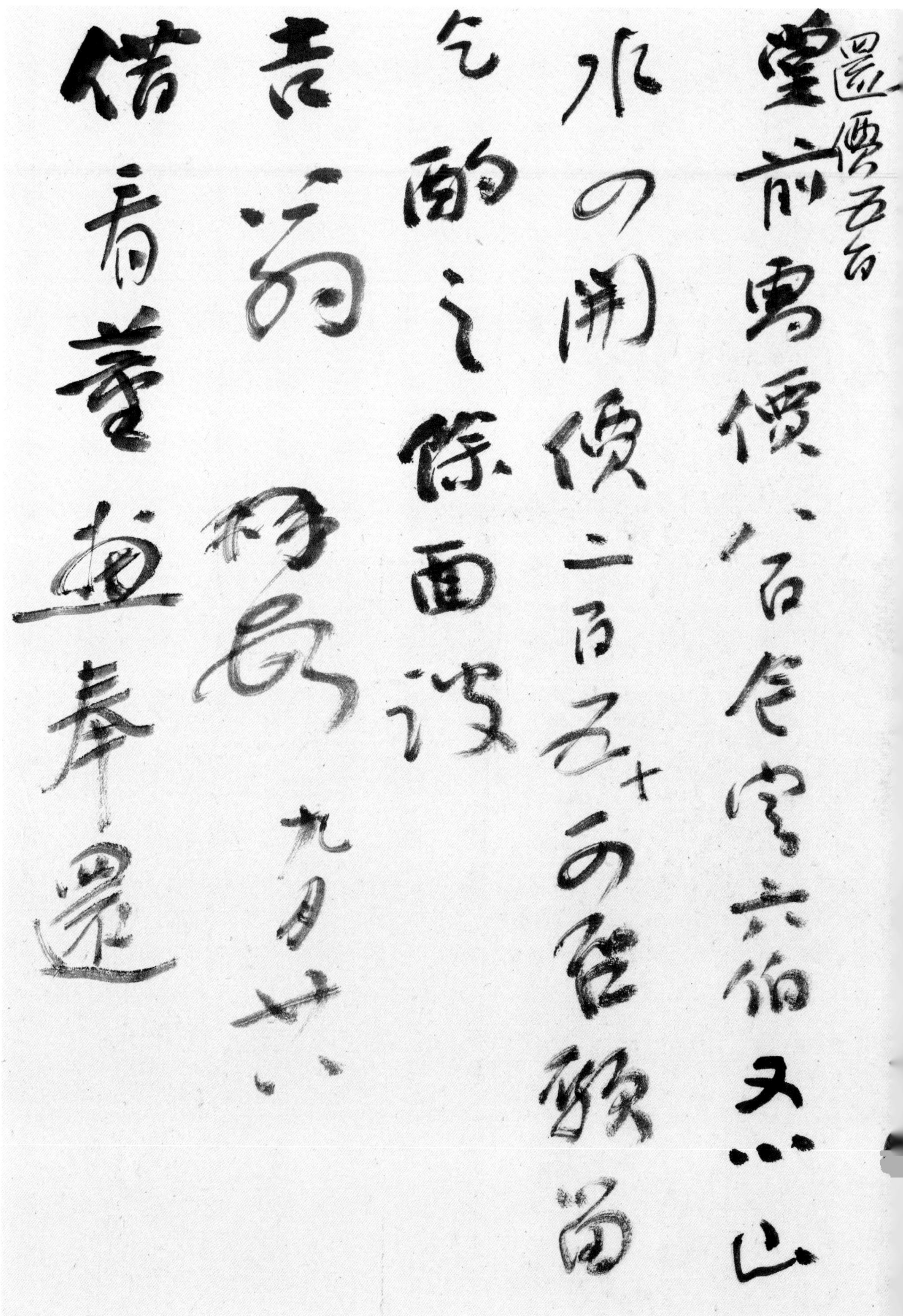

二四　致唐吉生書　縱三一厘米　橫五〇厘米

旬日不見，前云石溪臨山樵，能否一見？以慰渴想。金册三數即歸還。還弟石濤之價，餘稍遲奉上。前携去吴家石濤箋札册子，再三商之，以二百六十元爲定，吴須北上，此項款即乞交下。又蔡宅麓臺中堂（如不欲留，即乞交下，此件已有人還價五百）前需價八百，今定六佰，又小山水四開價二百五十，可否？願留乞酌之，餘面談。吉翁。髯頓首。九月廿八。

借看董画奉還。

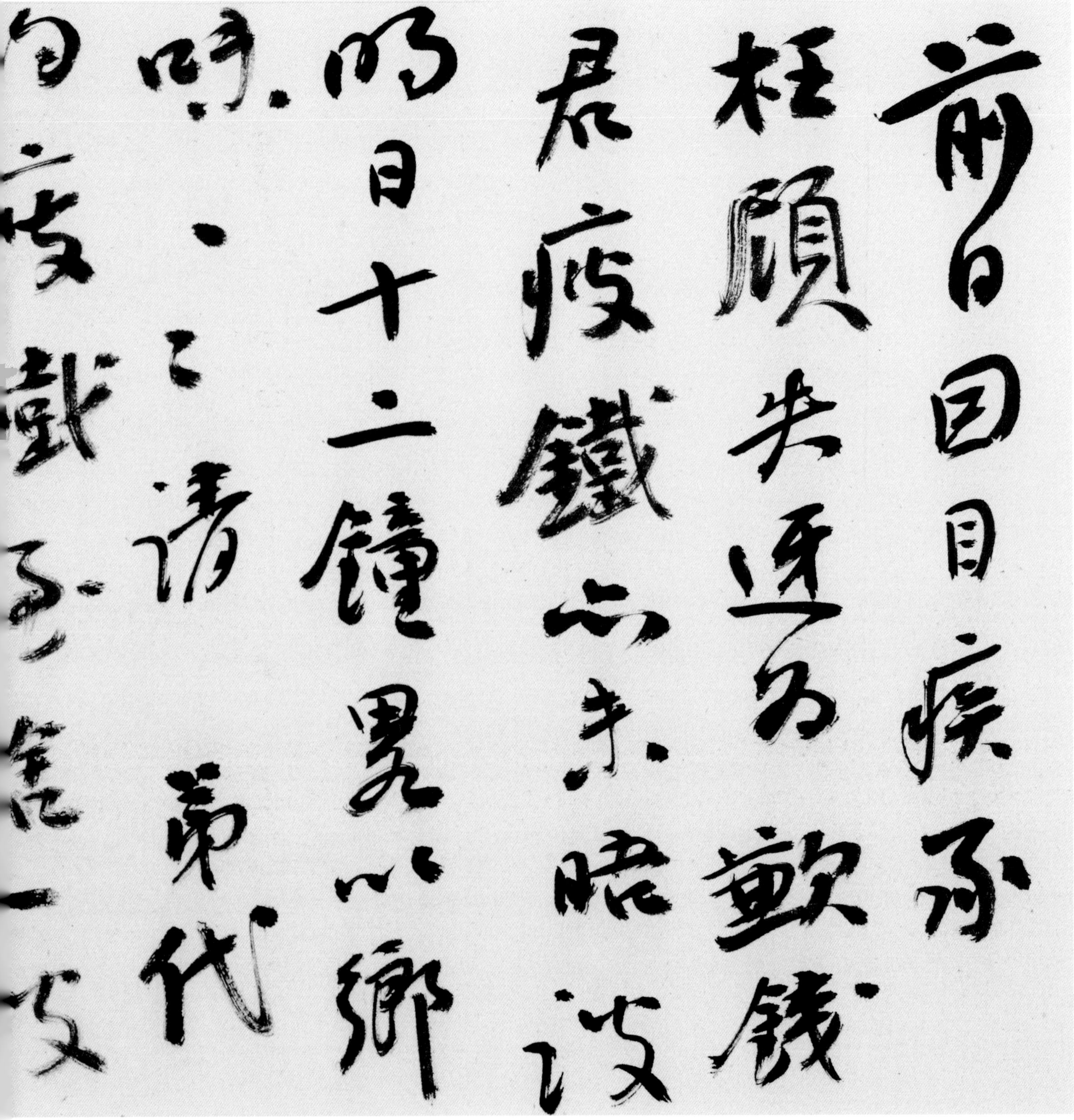

二五 致唐吉生書

縱二〇厘米 橫四一厘米

前日因目疾，承枉顧，失迓爲歉。錢君瘦鐵亦未晤談。明日十二鐘，略以鄉味一二，請弟代約瘦鐵至舍一談。尊新得之藍瑛小卷可看一讀。又孟蘋之石溪尚在敝几，并乞弟校之。吉生弟。髯頓首。臘四。

尊新得之益璞以卷子看一讀又益覺之居溪尚在澈几並之弟棱之吉生弟拜安情田

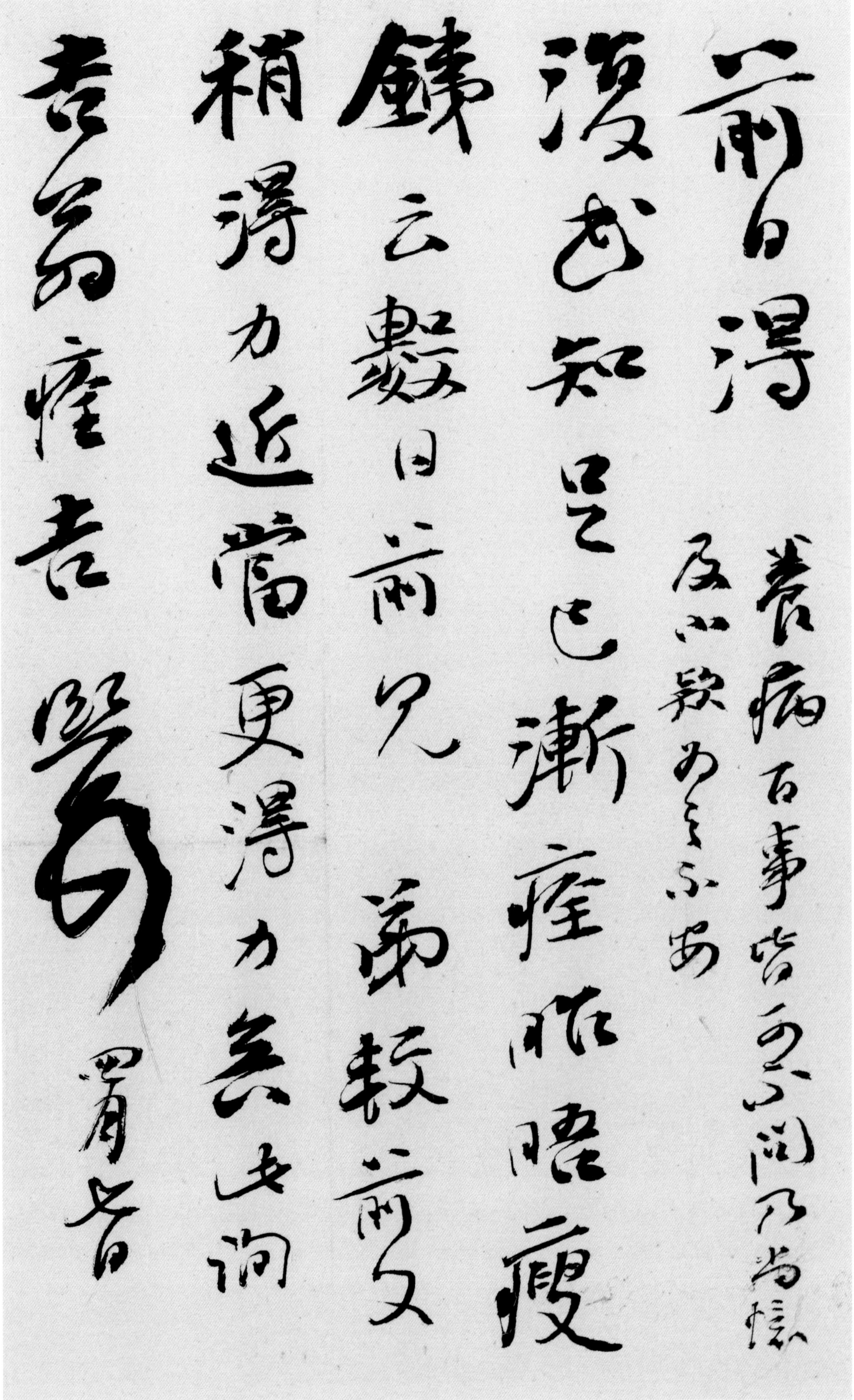
養病百事皆可不問乃尚憶及小款爲之不安
前日得復書知足已漸痊昨晤瘦鐵云數日前見弟較前又稍得力近當更得力矣此詢吉翁痊吉
熙頓首
四月七日

二六　致唐吉生書　縱二八厘米　橫一七・五厘米

（養病，百事皆可不問。乃尚憶及小款，爲之不安。）前日得復書，知足已漸痊。昨晤瘦鐵，云：數日前見弟較前又稍得力，近當更得力矣。此詢吉翁痊吉。熙頓首。四月七日。

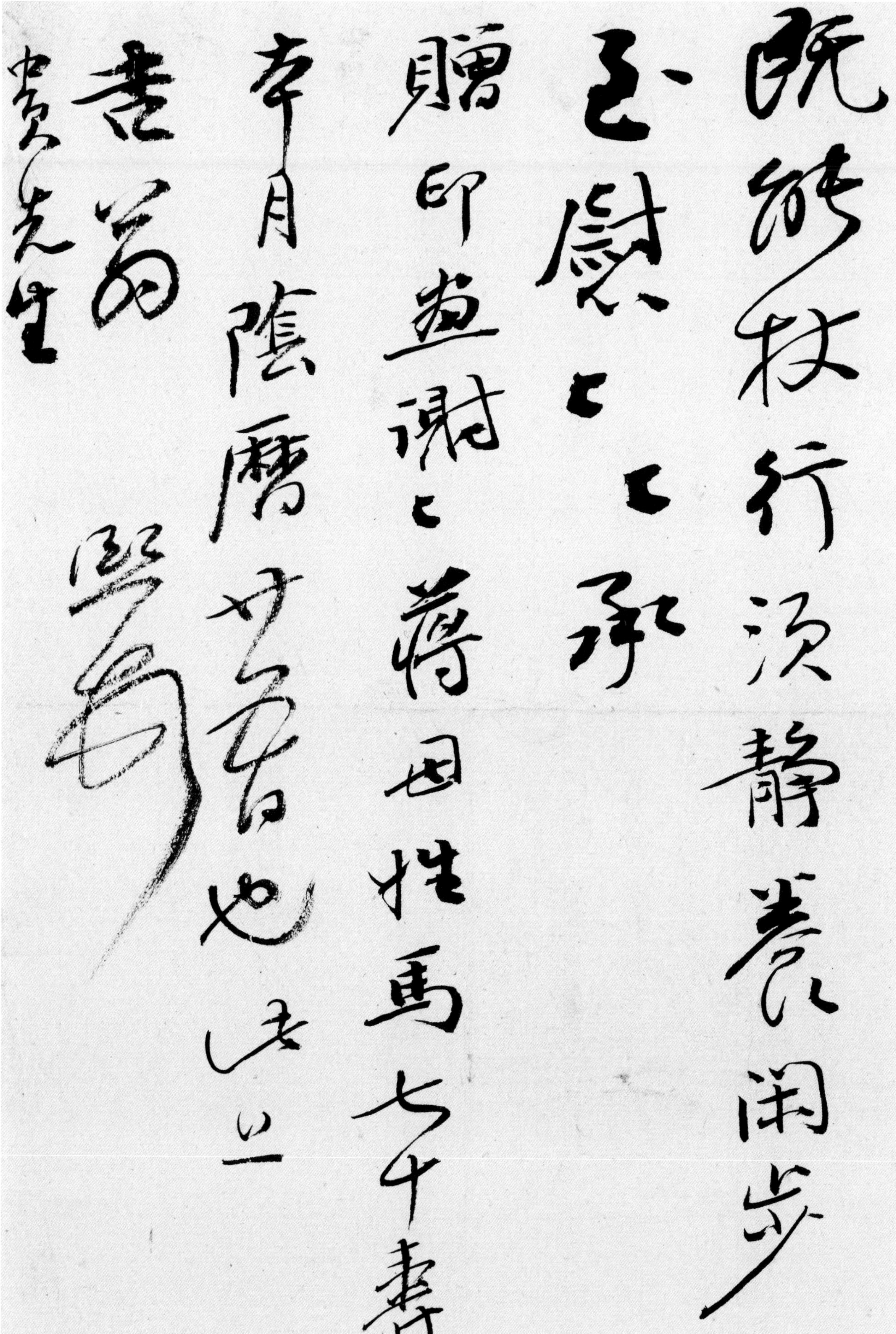

二七　致唐吉生書　縱二八厘米　橫一八厘米

既能杖行，須静養閑步，至慰，至慰。承贈印、畫，謝謝！蔣母姓馬，七十壽，本月陰曆廿五日也。此上吉翁貴先生。熙頓首。

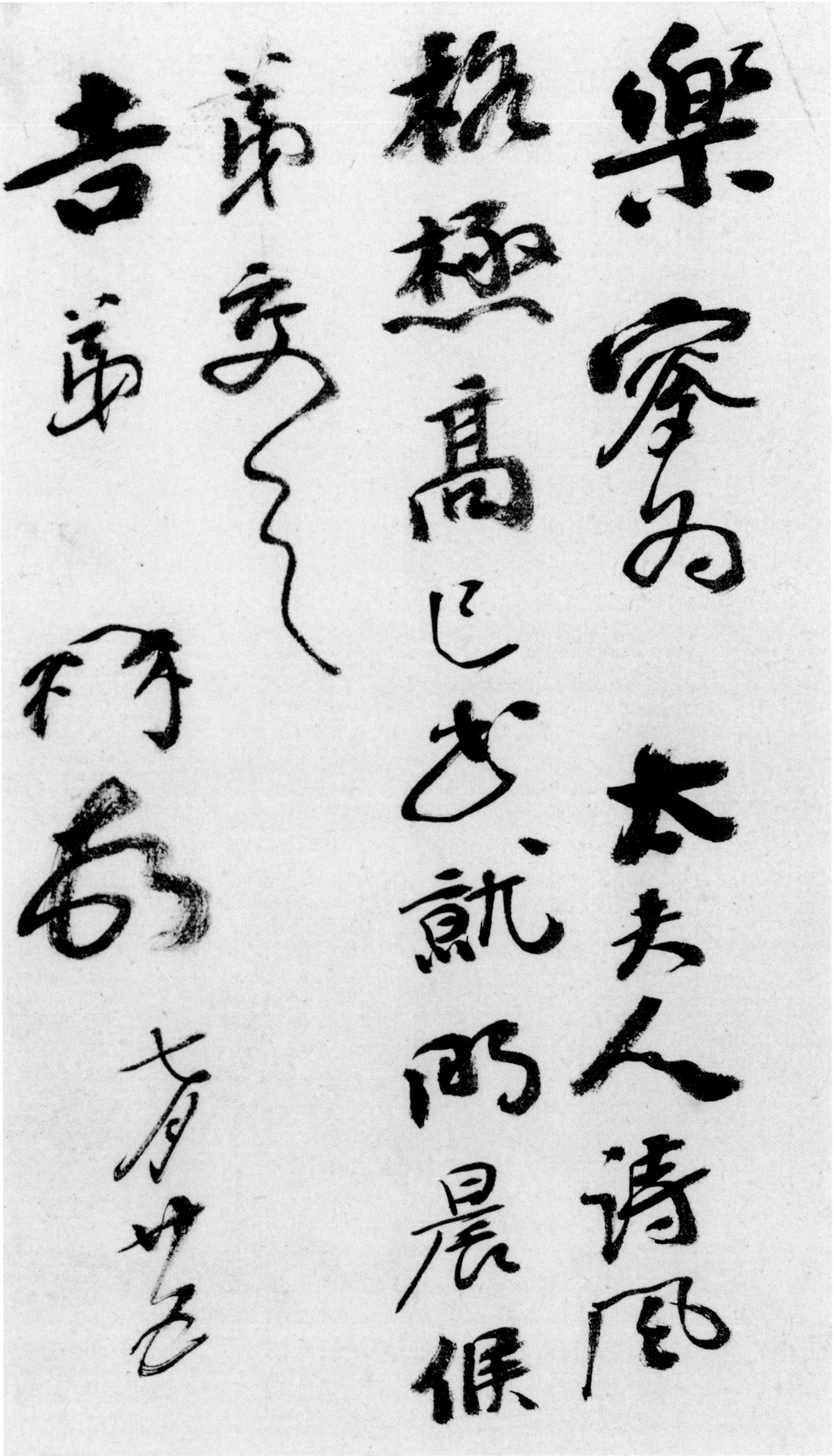
樂叟爲太夫人詩風格極高已書就明晨候弟交之吉弟髯頓首七月廿五

二八　致唐吉生書　縱二五厘米　横一〇厘米

樂叟爲太夫人詩，風格極高，已書就，明晨候弟交之。吉弟。髯頓首。七月廿五。

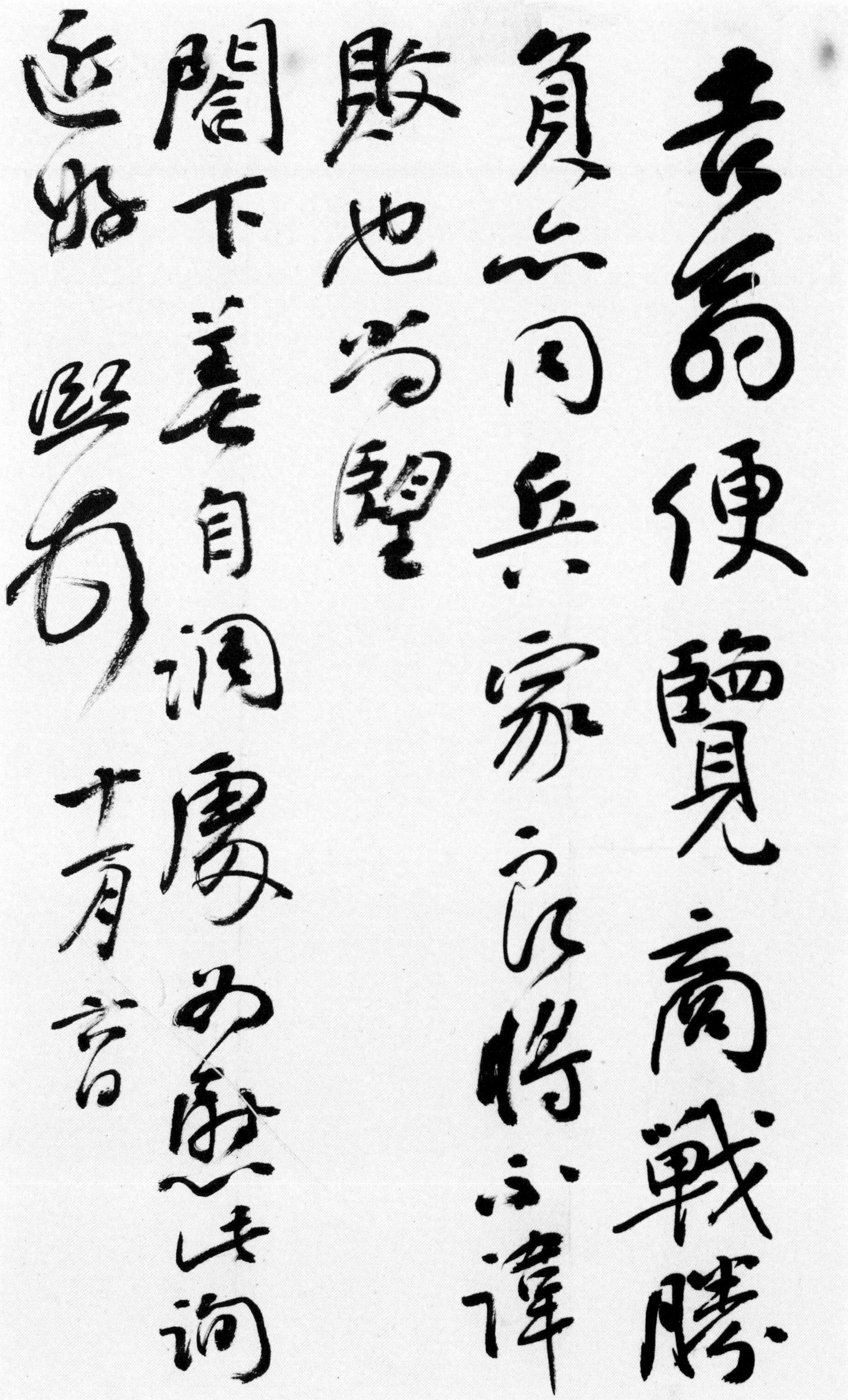

二九　致唐吉生書　縱二五・五厘米　橫一六厘米

吉翁便覽：商戰勝負亦同兵家，良將不諱敗也。尚望閣下善自調處爲慰。此詢近好。熙頓首。十一月六日。

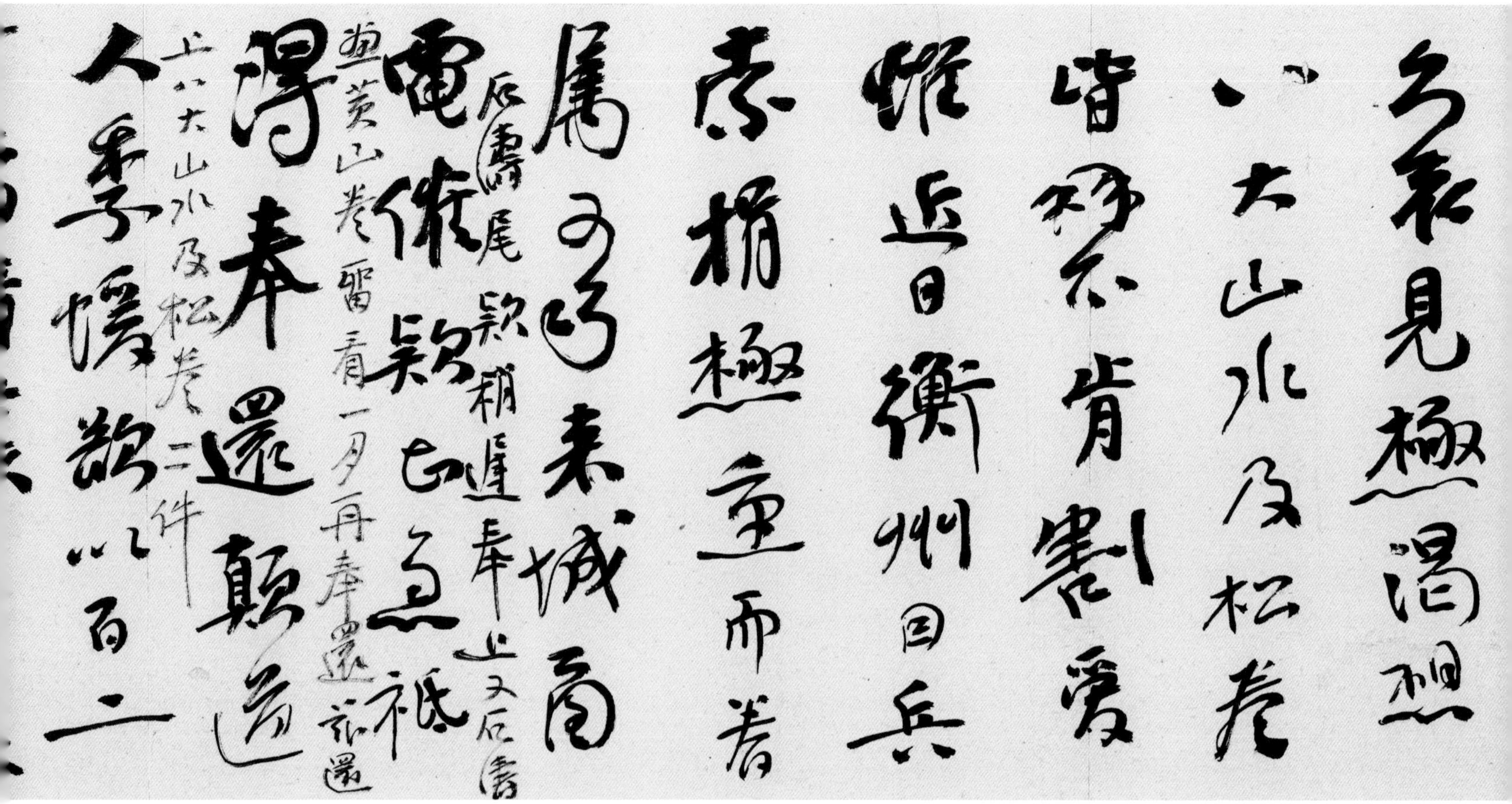

三〇　致唐吉生書　縱二〇厘米　橫八三厘米

久不見，極渴想。八大山水及松卷皆髯不肯割愛，惟近日衡州因兵索捐極重，而眷屬又多來城，函電催款甚急，祇得奉還。顛道人，季蝯欲以百二十番請讓。又大滌手札，弟前云有日友願以二百，但割買一札，細商吴君亦無不可，并乞便覆。（石濤尾款稍遲奉上，又石濤畫黄山卷留看一月再奉還，兹還上八大山水及松卷二件。）吉弟。髯頓首。十月十七。

昨假孟蘋石溪長條，弟可細校，與前看某家一幅何如？

手札 弟前云有同
友欲以二百但劃買
一札細商吳君亦
允之否並乞
便覆
吉 弟楊峴
吉月十七
昨假孟蘋石溪
長卷弟亦細校
與前看某家一
幅何如

陰雨經月未
造訪明日午後
廿一年前十二時
六時乞
駕過舍間以叙已

三一　致唐吉生書　縱二一厘米　橫三〇厘米

陰雨彌月，尚未造訪。廿一午前十二時，乞駕至舍間小敘，已約虞琴、叔孺矣。吉弟。髯頓首。四月十九。

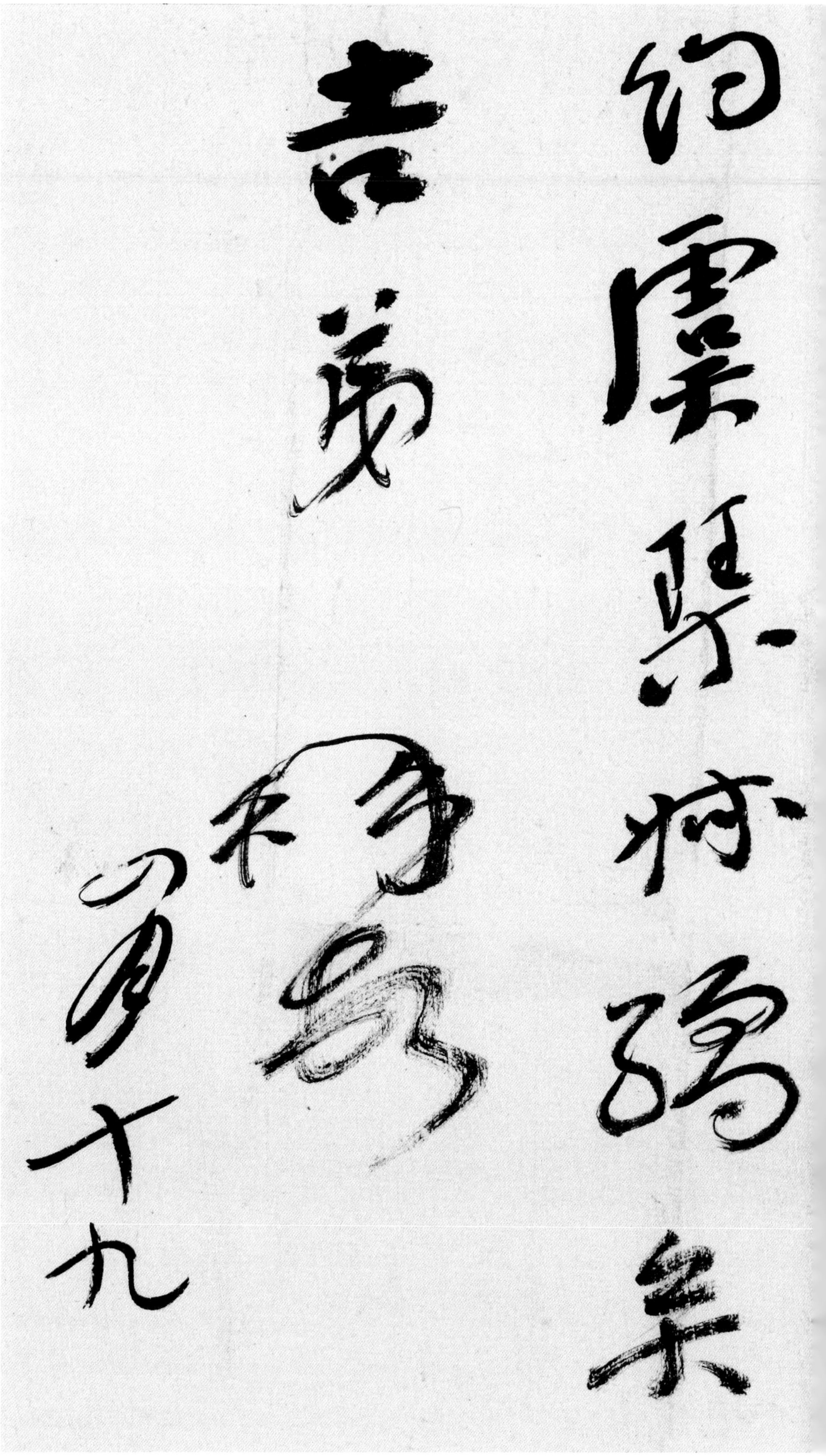

前復乞快陽明卷子奉上
倘遇日友可得善價亦
惟兄酌之弟思返蘇
兄調度財政為同鄉巨子
友存數少亦可
能為之作解人也歷晴雨無

三一　致唐吉生書　縱三一厘米　横三五厘米

前談甚快，陽明卷子奉上，倘遇日友可得善價，亦惟兄酌之。筠弟思返蘇。兄調度財政，爲同輩巨子，能爲之作解人（或原數少亦可），甚慰。晴雨無常，更悶。幸珍攝。吉生仁兄閣下。熙頓首。六月七日。

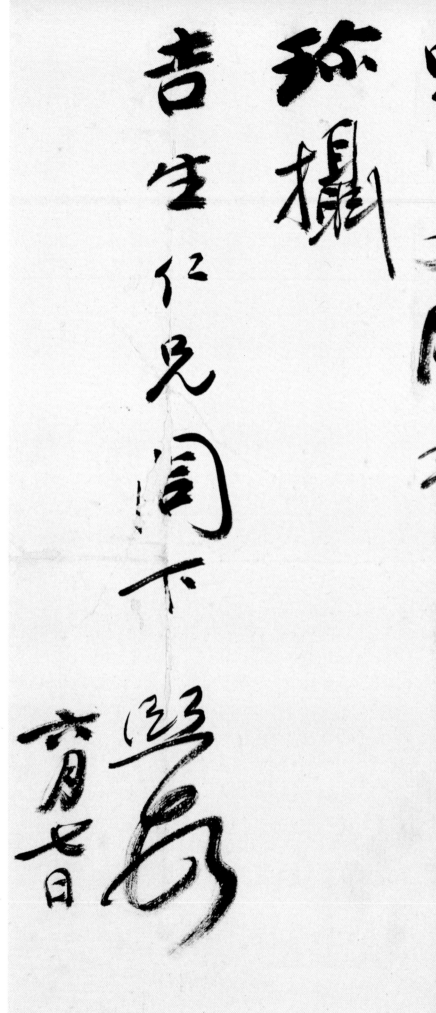

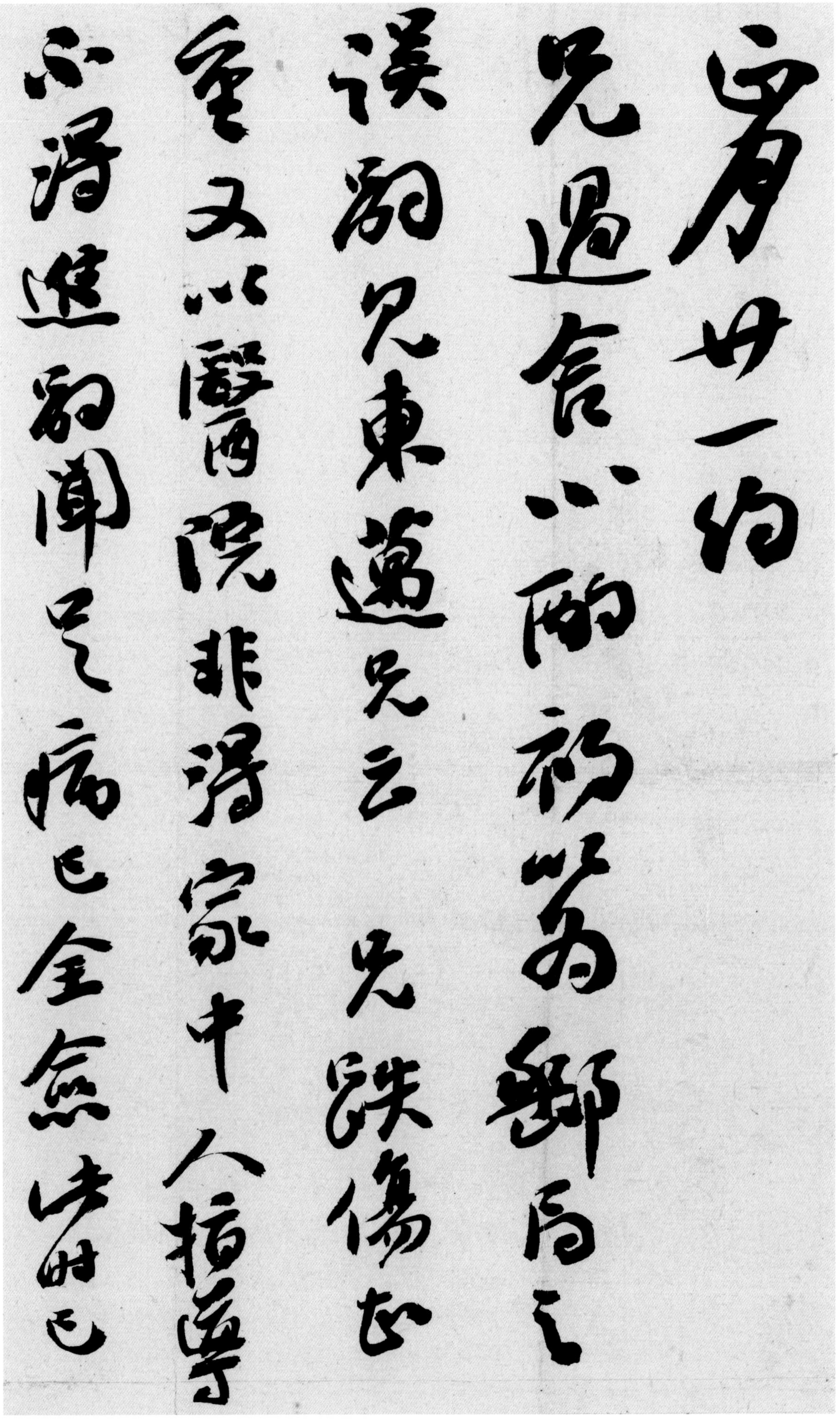
正月廿一約兄過舍小酌，初以爲郵局之誤，嗣見東邁兄云：兄跌傷甚重，又以醫院非得家中人指導不得進。嗣聞足病已全愈，此時已

三三　致唐吉生書　縱二八厘米　橫一七厘米

正月廿一約兄過舍小酌，初以爲郵局之誤，嗣見東邁兄云：兄跌傷甚重，又以醫院非得家中人指導不得進。嗣聞足病已全愈，此時已

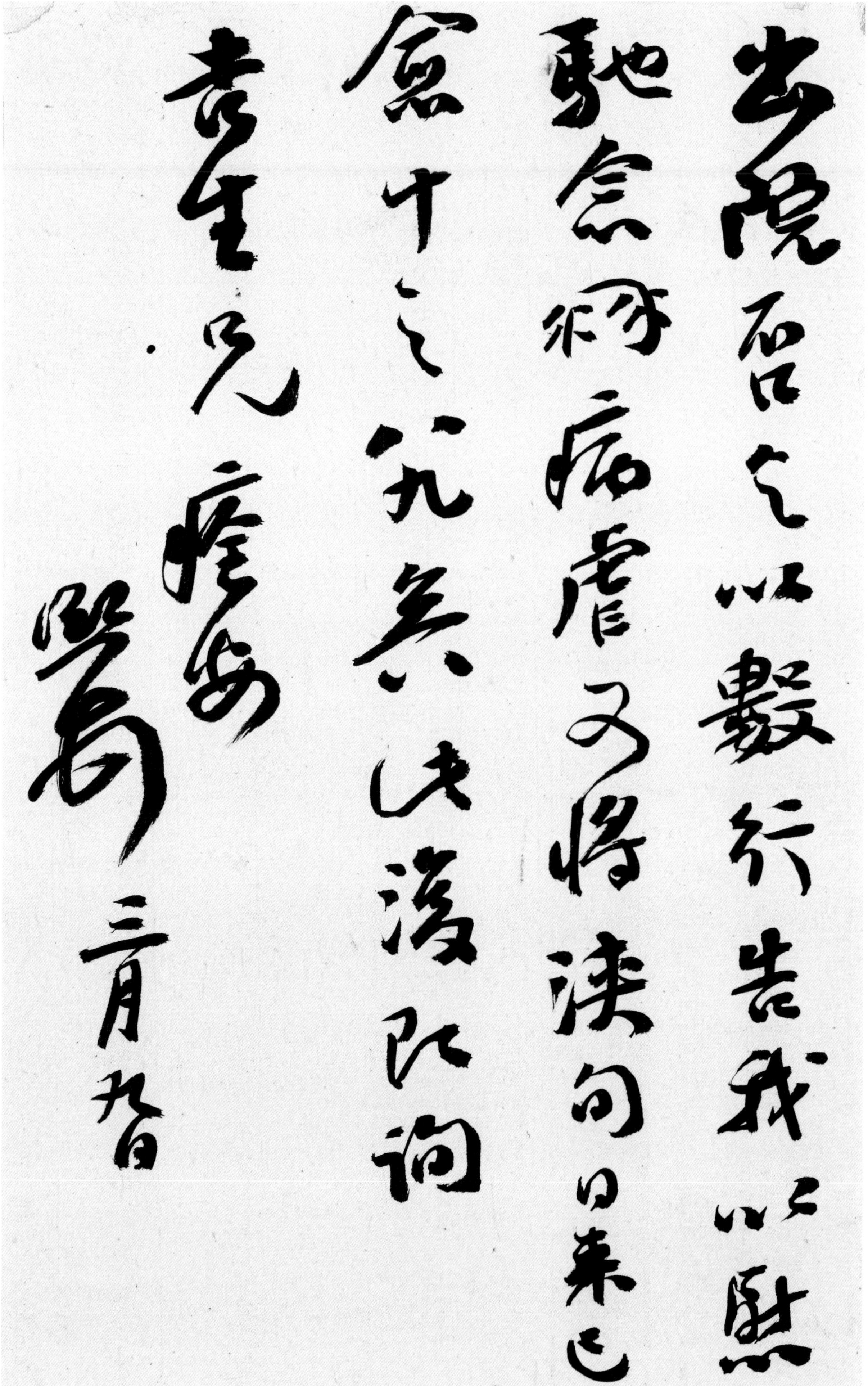

出院否？乞以數行告我，以慰馳念。髯病虐又將浹旬，日來已愈十之八九矣。此復即詢吉生兄痊安。熙頓首。三月九日。

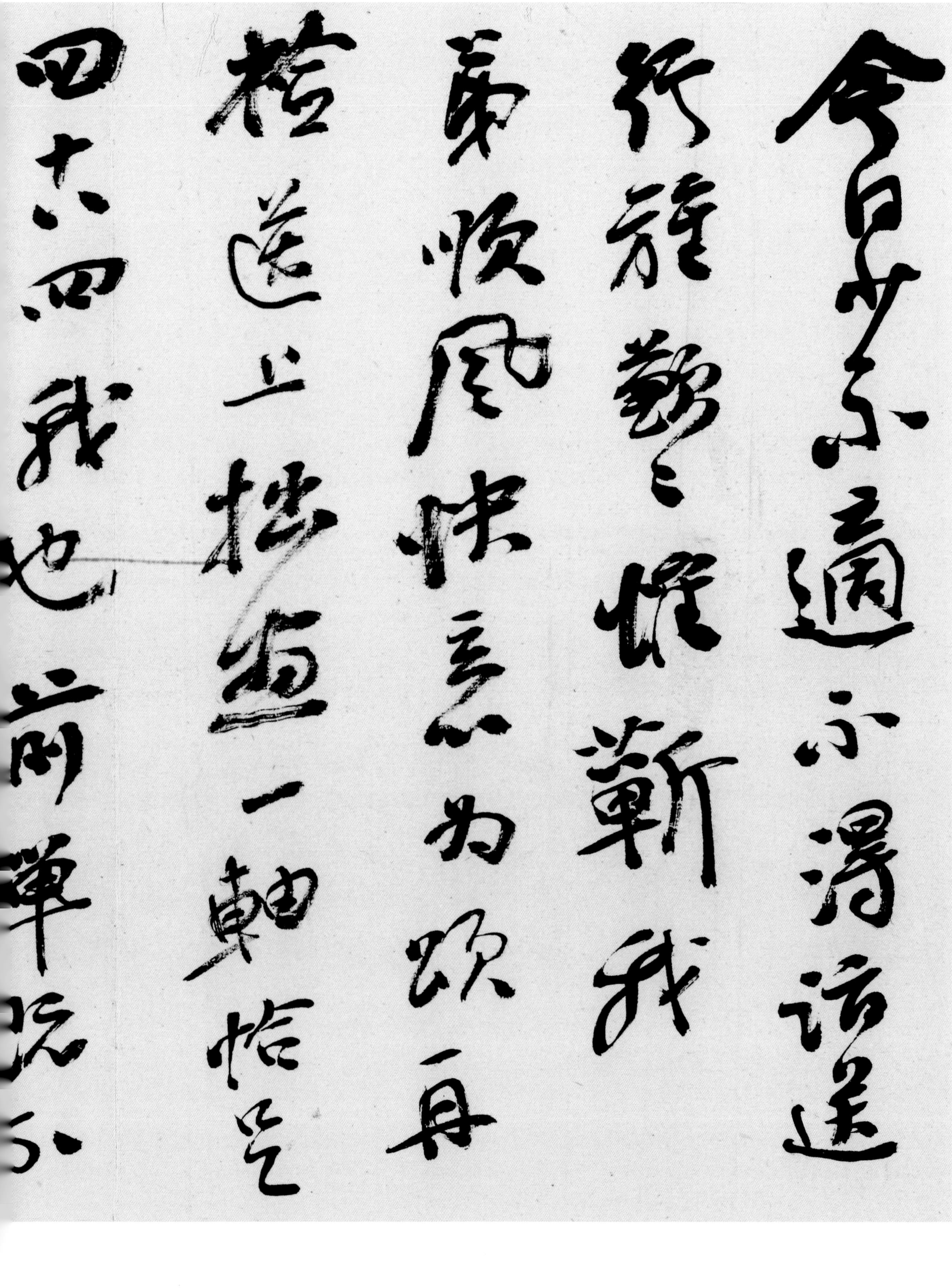

今日亦不適，不得詣送
行旌，歉歉，惟蘄我
兄順風快意，為歡再
擡道上，掛酒一軸，恰是
四六四我也，前筆況不

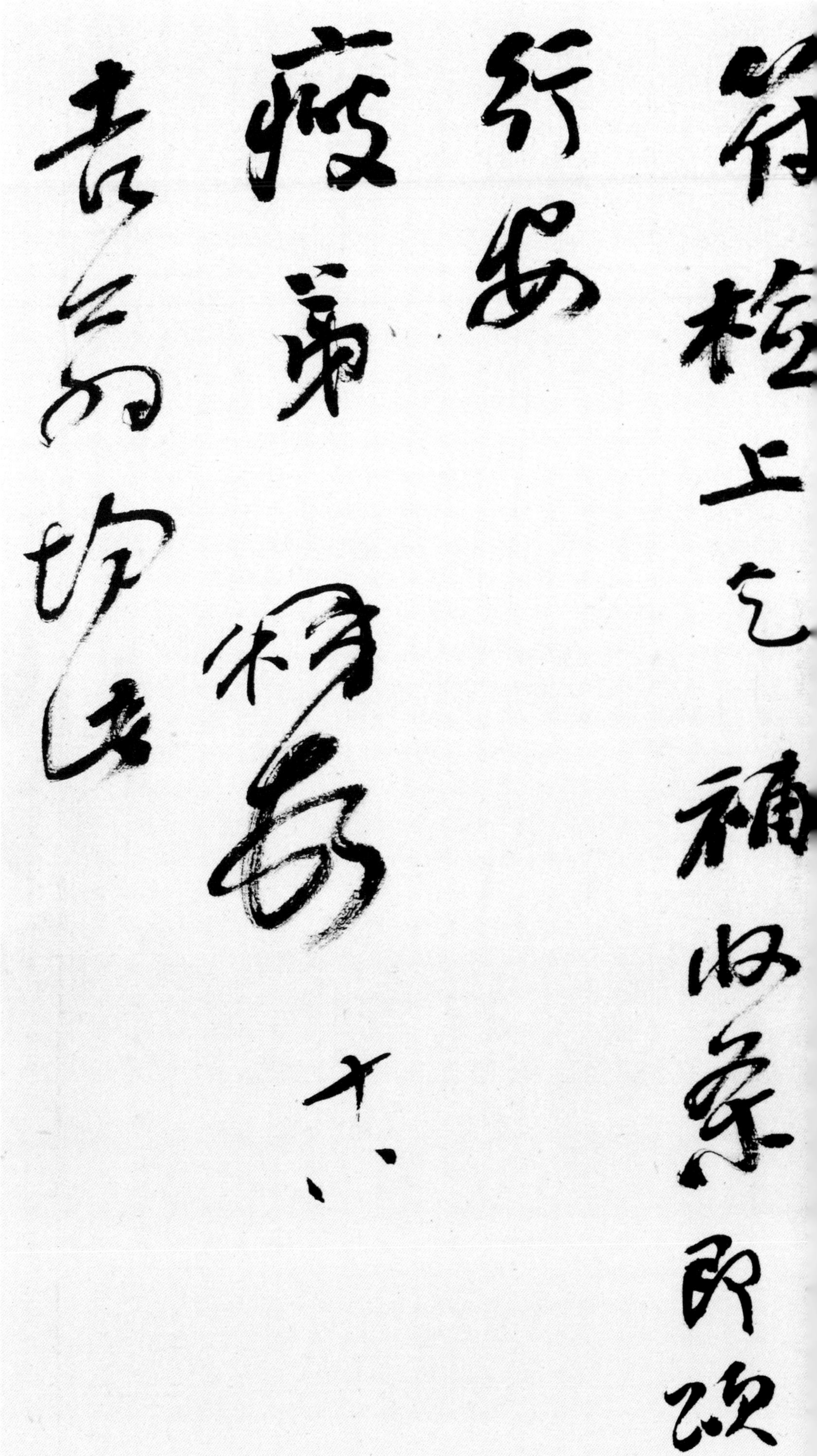

三四　致錢瘦鐵書　縱二三厘米　橫三四厘米

今日少不適，不得詣送行旌，歉歉，惟蘄我弟順風快意爲頌。再檢送上拙畫一軸，恰足四古四我也。前單既不符，檢上乞補收條。即頌行安。瘦弟。髯頓首。十八。吉翁均此。

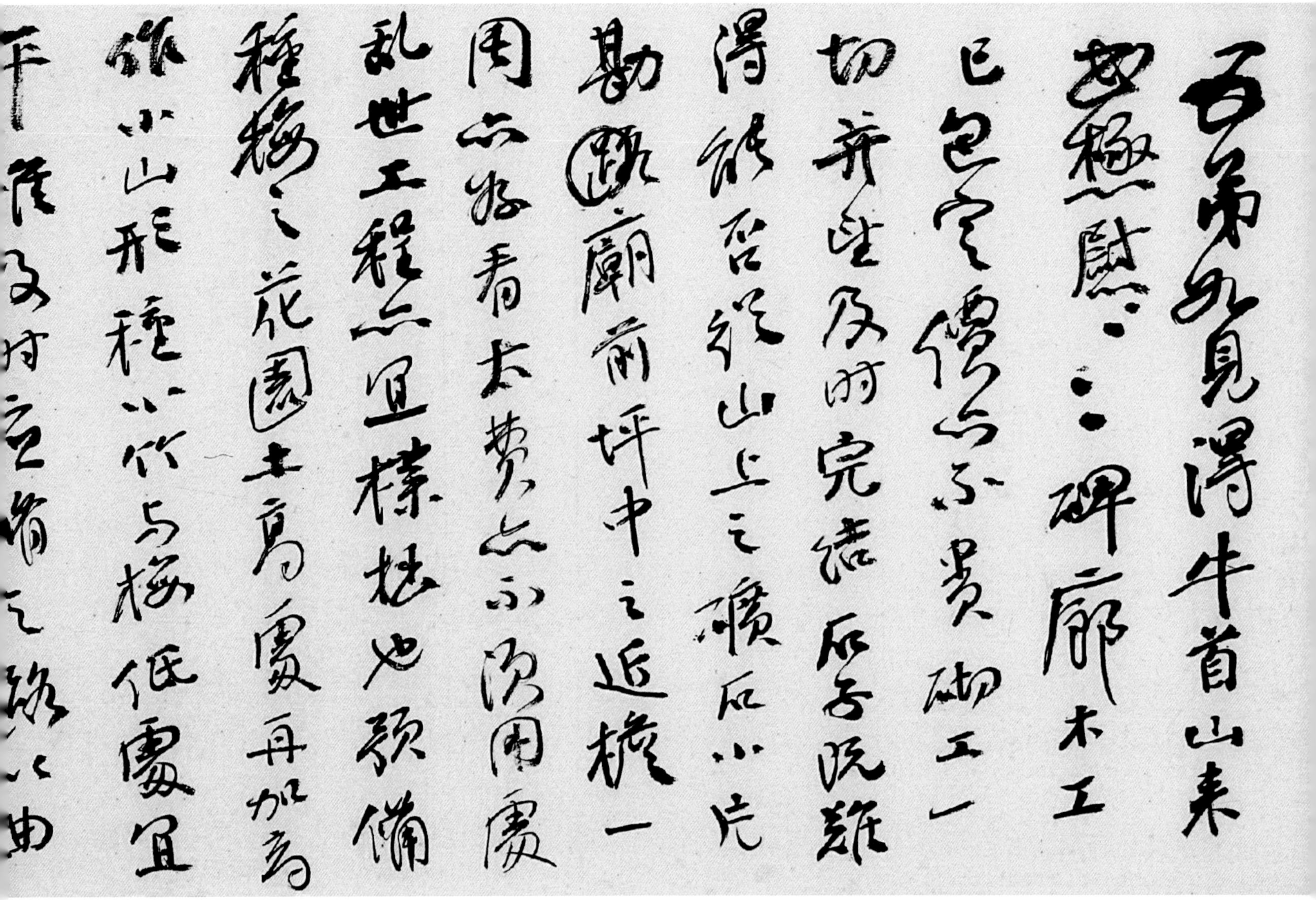

三五　致曾一哉書　縱二二厘米　橫七二厘米

五弟如見：得牛首山來書，極慰，極慰。碑廊木工已包，定價亦不貴，砌工一切并望及時完結。石子既難得，能否從山上之礦石小片勘。廟前坪中之近檐一周亦好看，太費亦不須用處，亂世工程亦宜樸拙也。預備種梅之花園，土高處再加高，作小山形，種小竹與梅，低處宜平。惟及時應修之路，以曲折爲好。和尚所估定之工，乞弟切實催督，兄節後准來山上也。此間風潮已見報紙錢店已閉，各紙店亦無錢收，公館先無存儲，但向各友處支借零用。工程之款已函託宗霍就近從王伯秋兄處代挪用，決不令弟爲難，乞放心。即速了爲盼，即詢近好。兄髯手啓，閏月十四。繼梅侄同問好。

北已有來一函……

弟切實催請兄節後准來青

山上也。汪同風潮已見報，希

錢店已閉，兄希店亦無錢

收，公館先存備，但向各友

處支借。需用工程之款，已商

託宗霞就近經手，伯秋兄處代

挪用些不會。弟如難，乞放心。即

速子為盼。即詢

近好。兄楊翼給　閏月十四

繼梅、桂同閱好

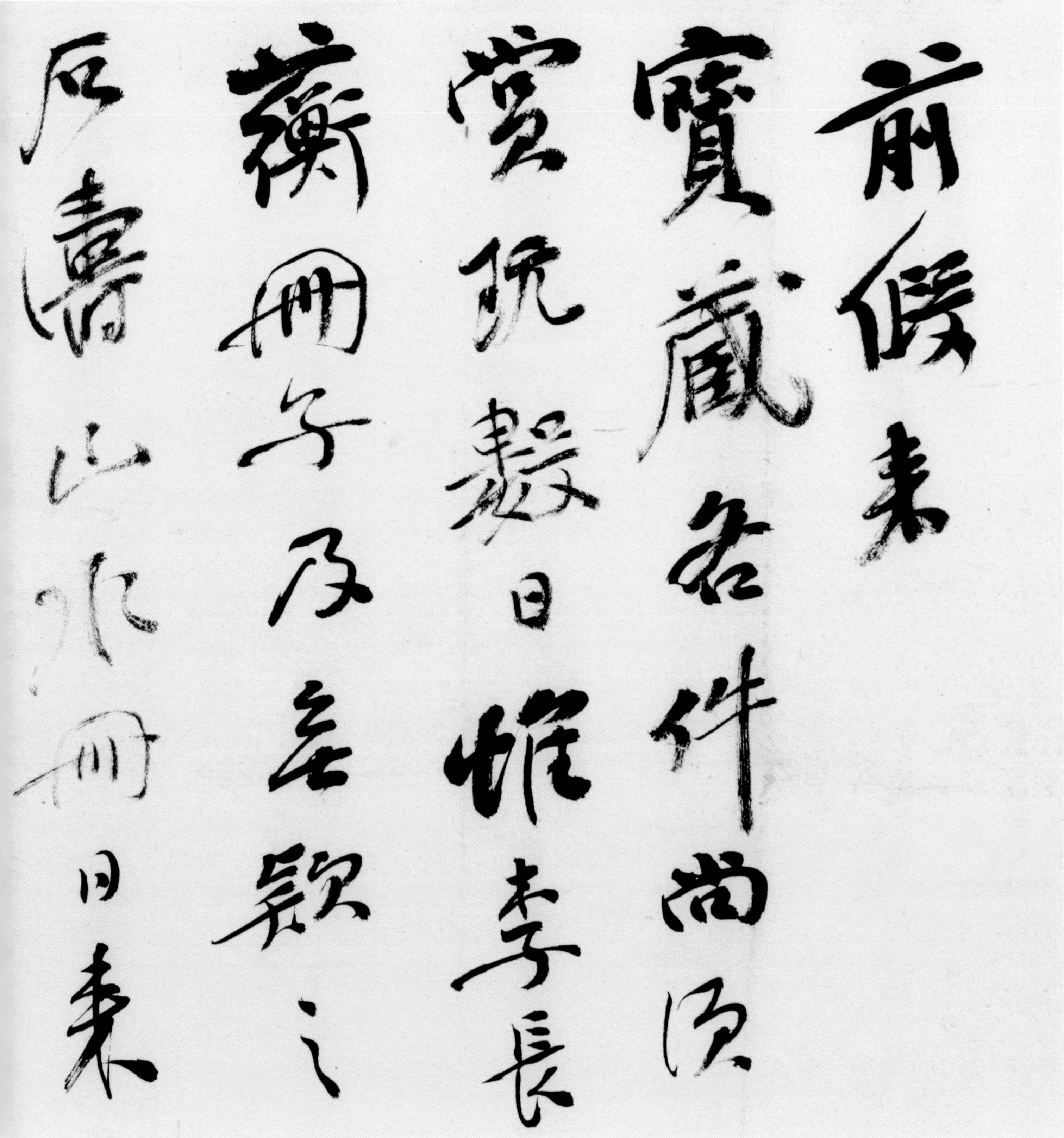
前假來寶藏各件尚須賞玩數日惟李長蘅册子及無款之石濤山水册日來

三六　致林爾卿書

縱二八厘米　横四八厘米

前假來寶藏各件，尚須賞玩數日。惟李長蘅册子及無款之石濤山水册，日來感冒不耐執筆，尚乞假我消悶何如？即頌爾卿仁兄近佳。髯頓首。正月廿三。

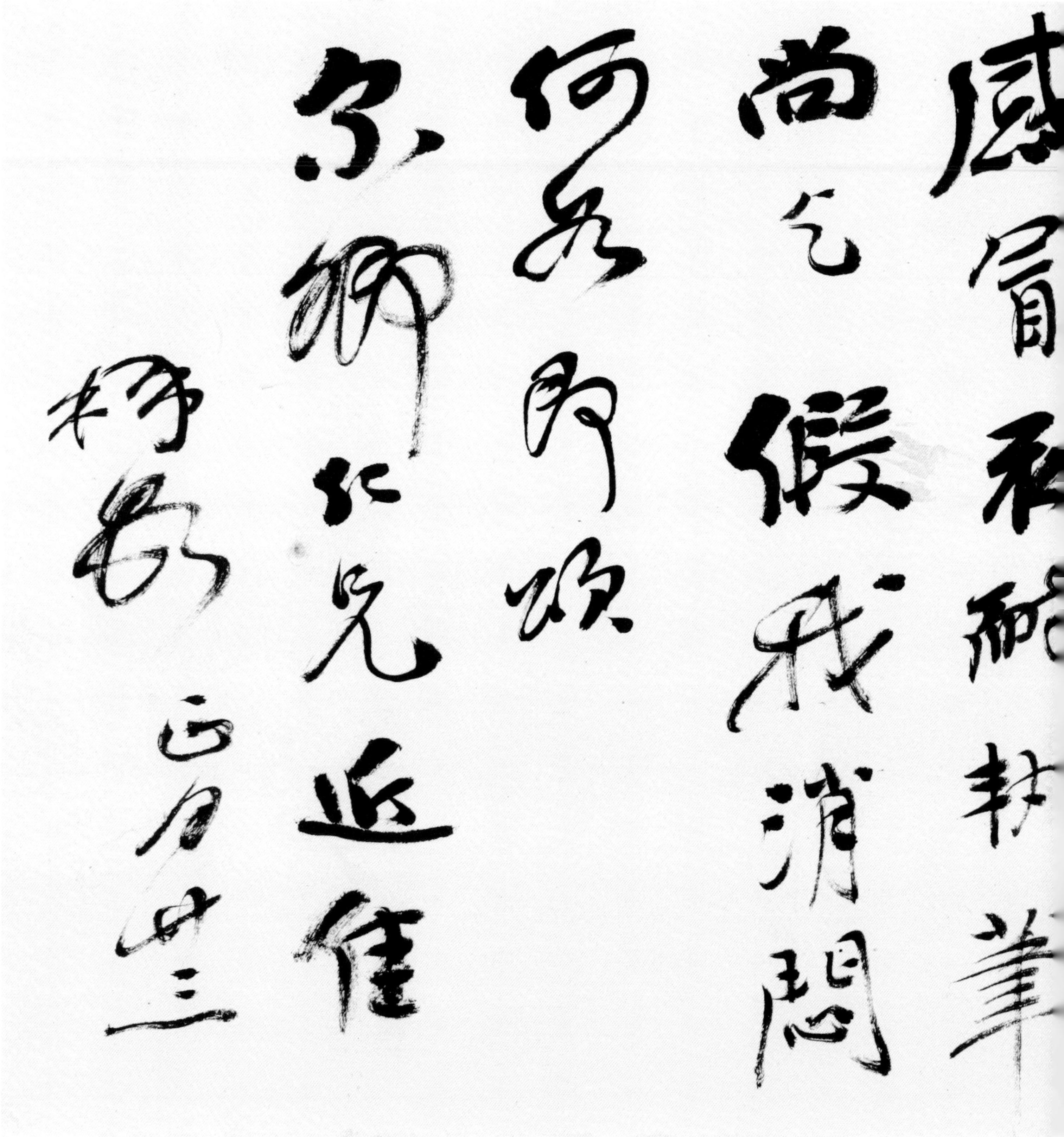
尚乞假我消悶
近佳
正月廿三

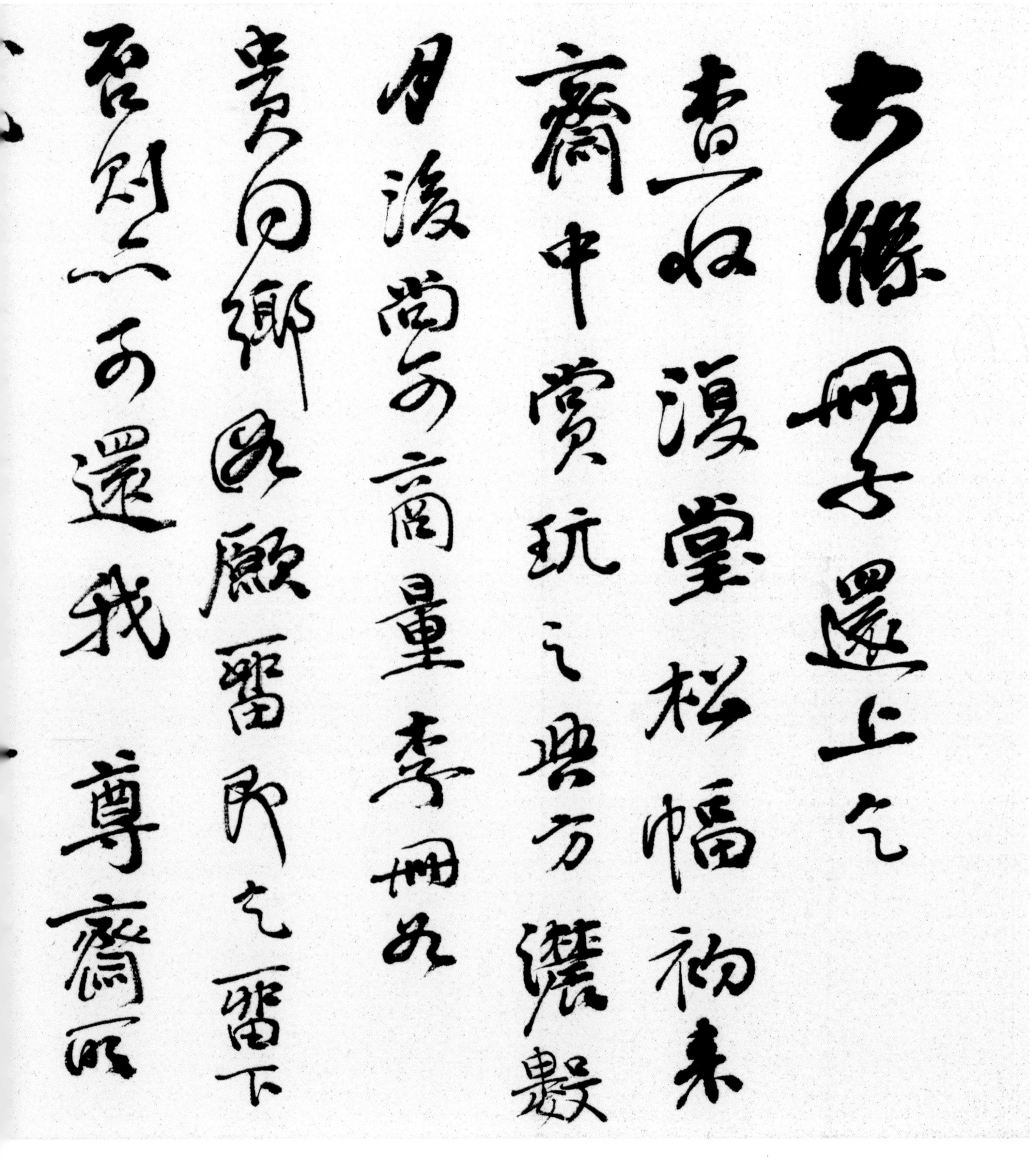

三七　致林爾卿書

縱二八厘米　橫五三厘米

大滌册子還上，乞查收。復堂松幅初來齋中，賞玩之興方濃，數月後尚可商量，李册如貴同鄉愿留即乞留下，否則亦可還我。尊齋所藏之李世倬老樹一雀枯墨本，能否相假旬日？又戴本孝册子，其題跋如應加款，即乞示知貴同鄉大號。餘面談。爾翁林先生。老髯頓首。四月十三燈下。

墨本雖否相假向日又載本
孝冊下其題跋如應加款
再乞示知 貴同鄉大師
餘面談
不盡
老髯手啓
四月十三燈下
林先生

鶴銘雛鸩
多招然亦可
臨明曾几可鍾
曾塗當去

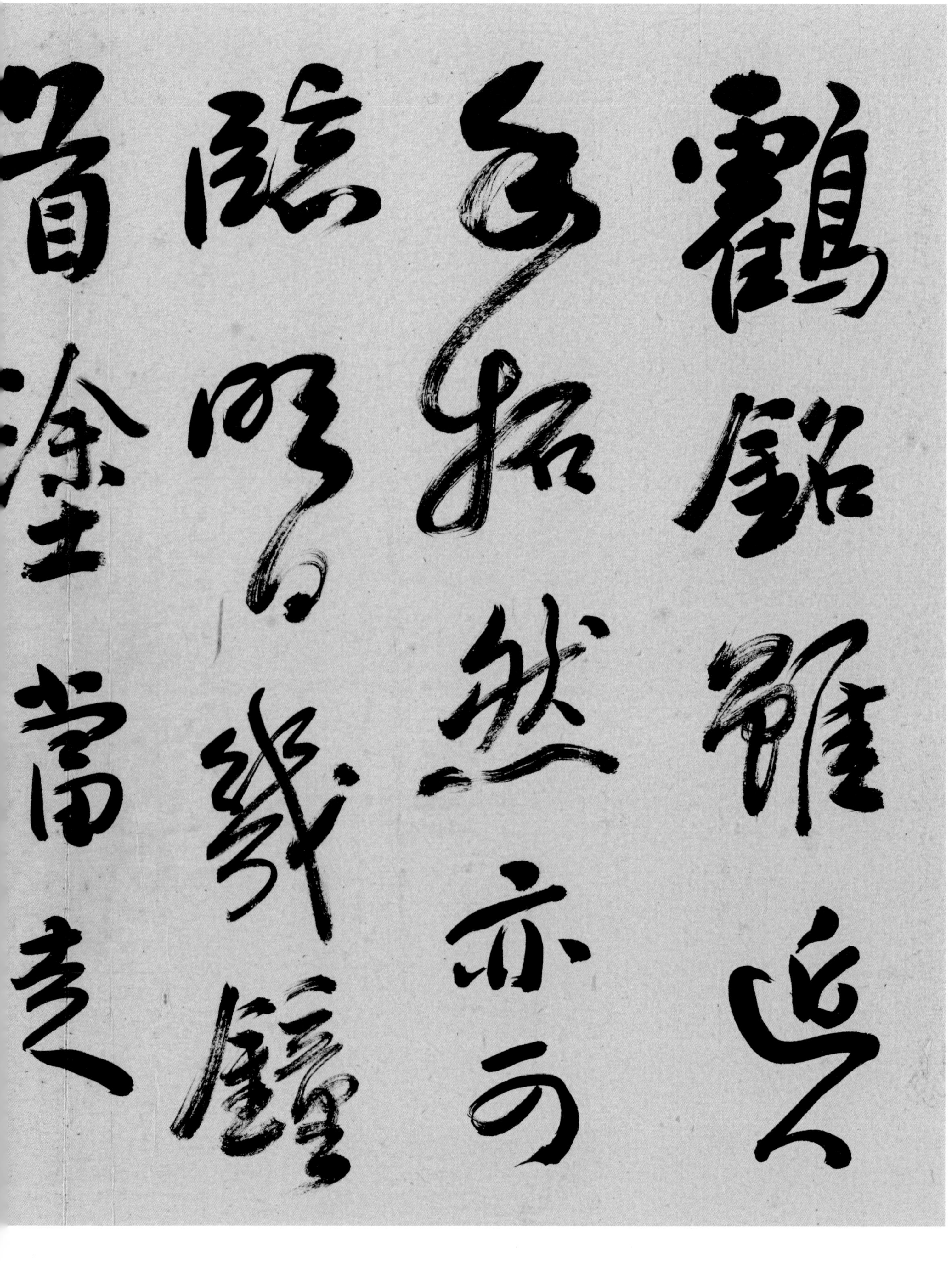

三八　致楊潛庵書　縱二四厘米　橫三五厘米

《鶴銘》雖近人手拓，然亦可臨。明日幾鐘首塗，當走送也。（《鶴銘》送上，乞檢行篋。）潛庵閣下。熙頓首。四日。

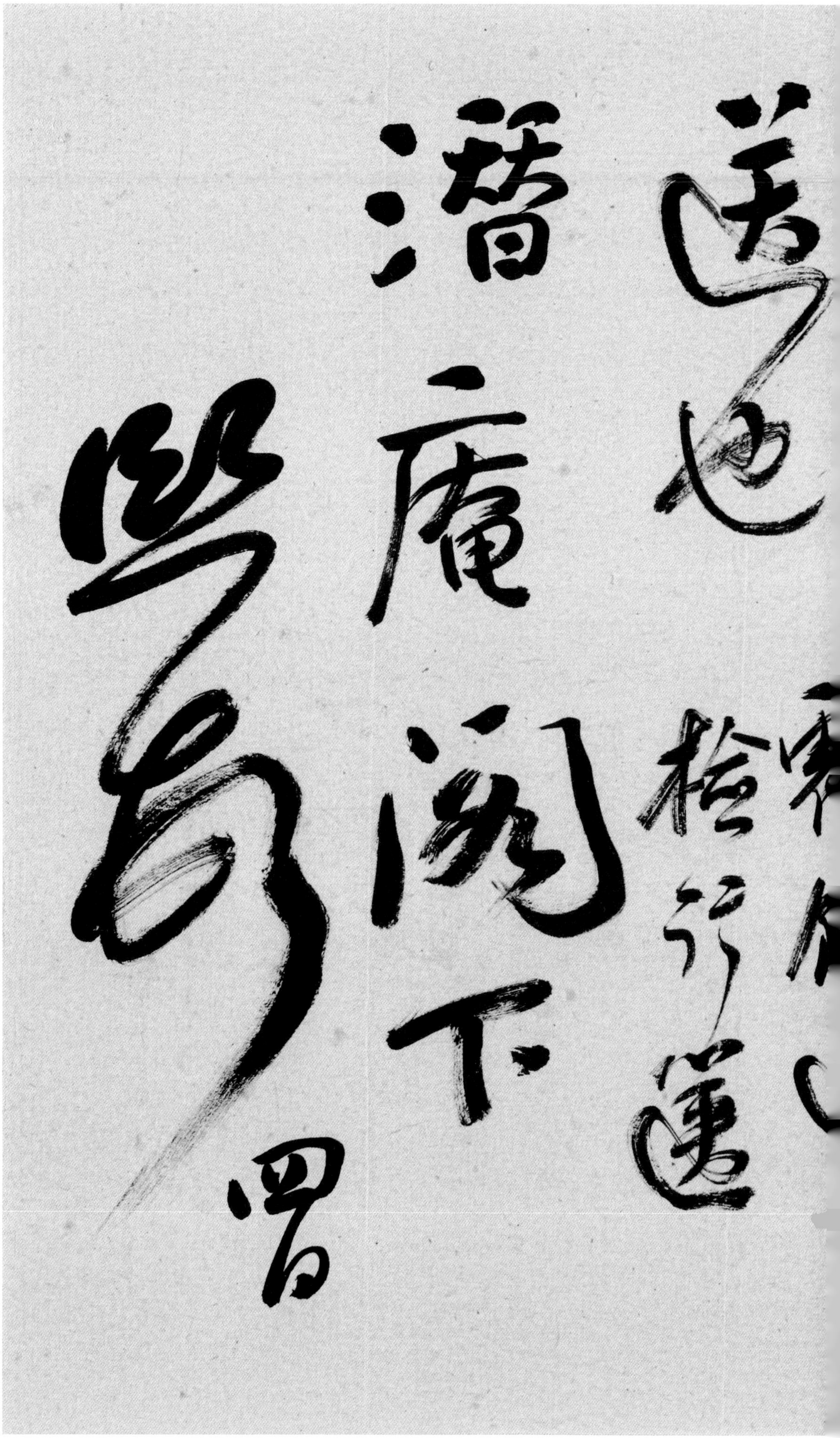

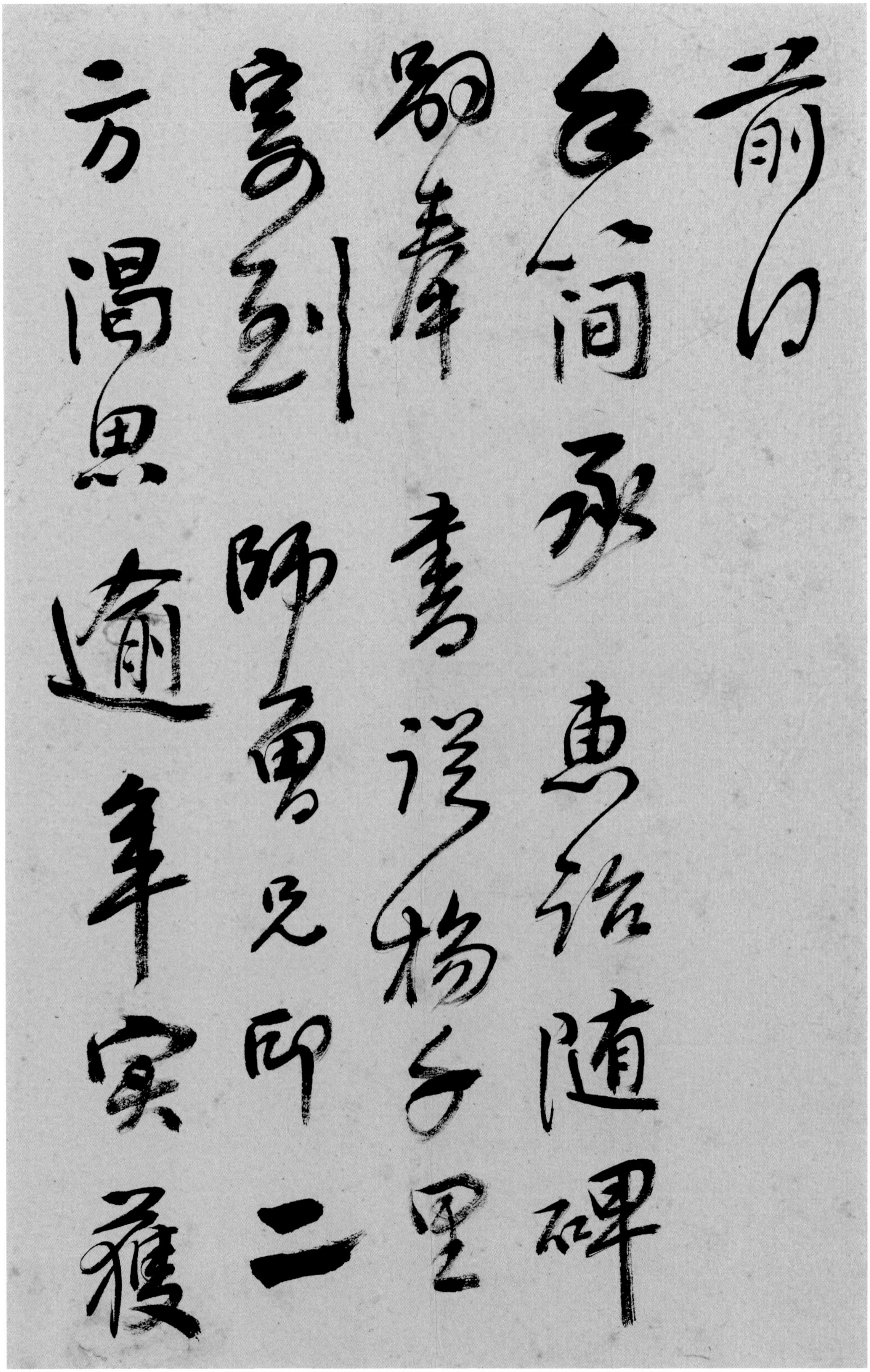

三九　致楊潛庵書　縱三二厘米　橫二一厘米

前得手簡，承惠詒隨碑。嗣奉書，從楊千里寄到師曾兄印二方，渴思逾年，實獲

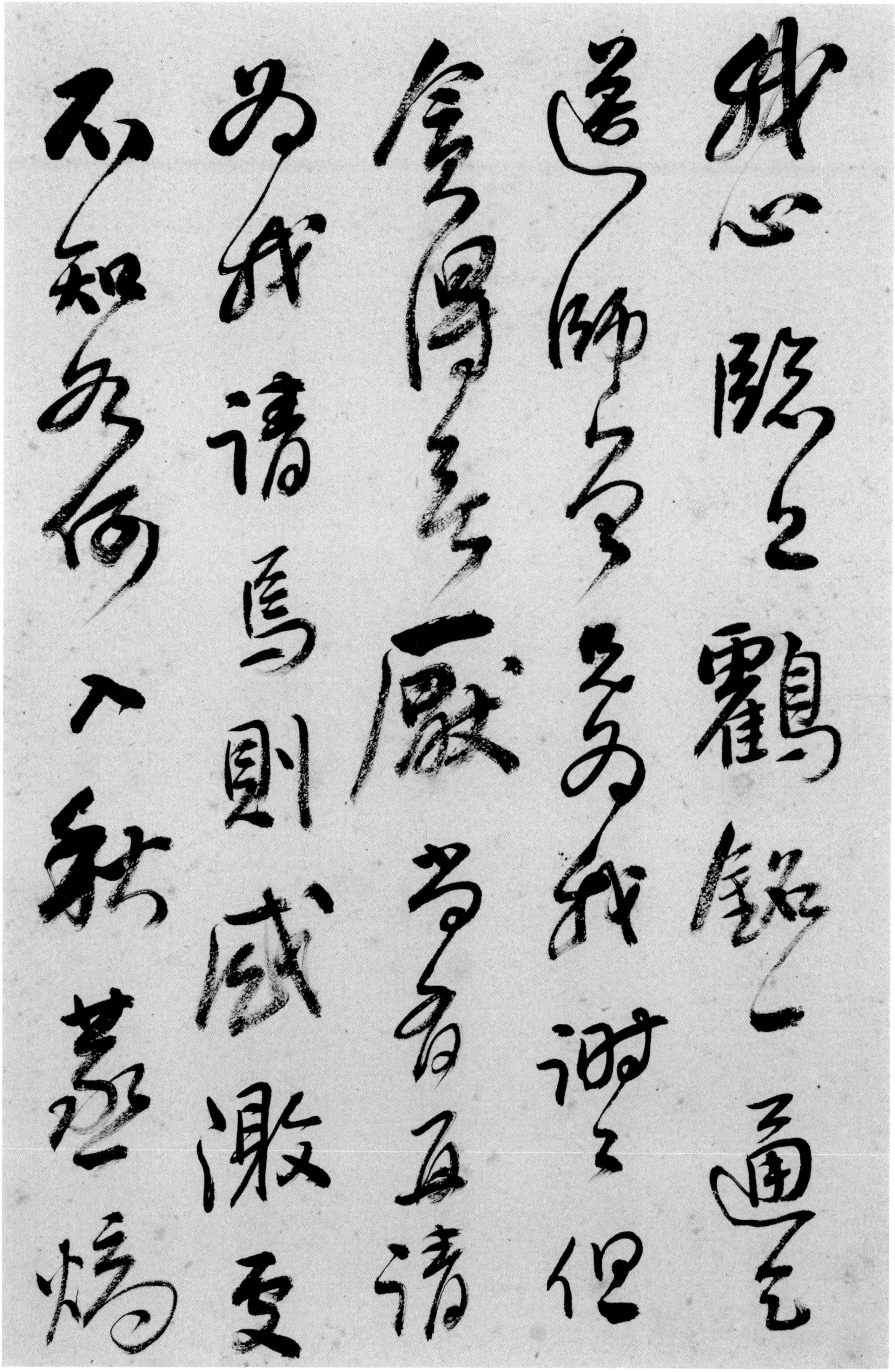

我心。臨上《鶴銘》一通，乞送師曾兄，爲我謝謝。但貪得無厭，尚有再請爲我請焉，則感激更不知如何？入秋蒸熇，

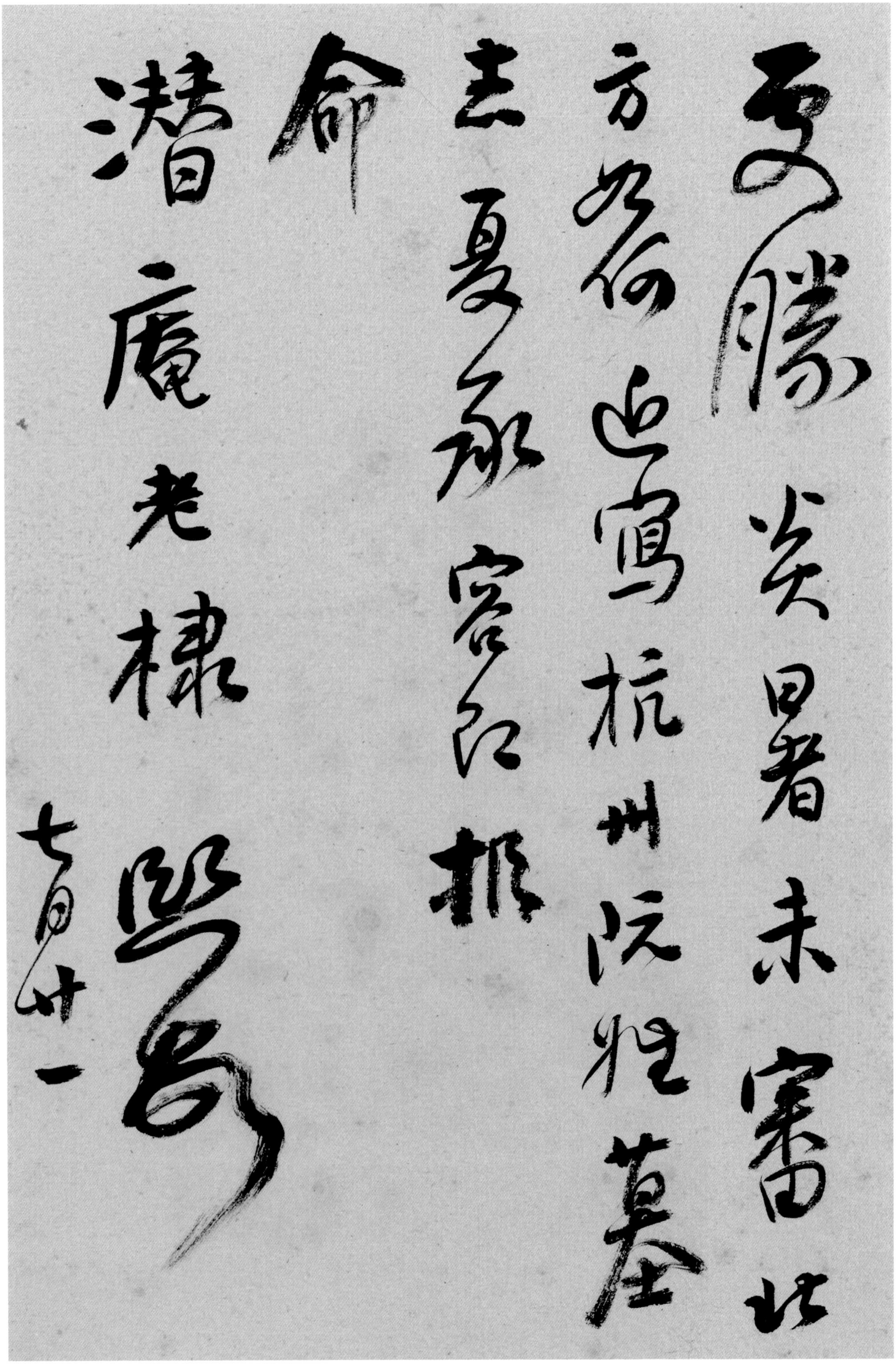

更勝炎暑，未審北方如何？近寫杭州阮姓墓志，《夏承》容即報命。潛庵老棣，熙頓首。七月廿一。

四〇　致楊潛庵書　縱二六厘米　橫一五厘米

前函并小兒呈文想收到。茲由小兒再繕履歷，其呈較詳明，乞酌改，費心。至辦法仍懇公一手行之，至感，至感。潛庵先生，熙頓首。二月十三日。

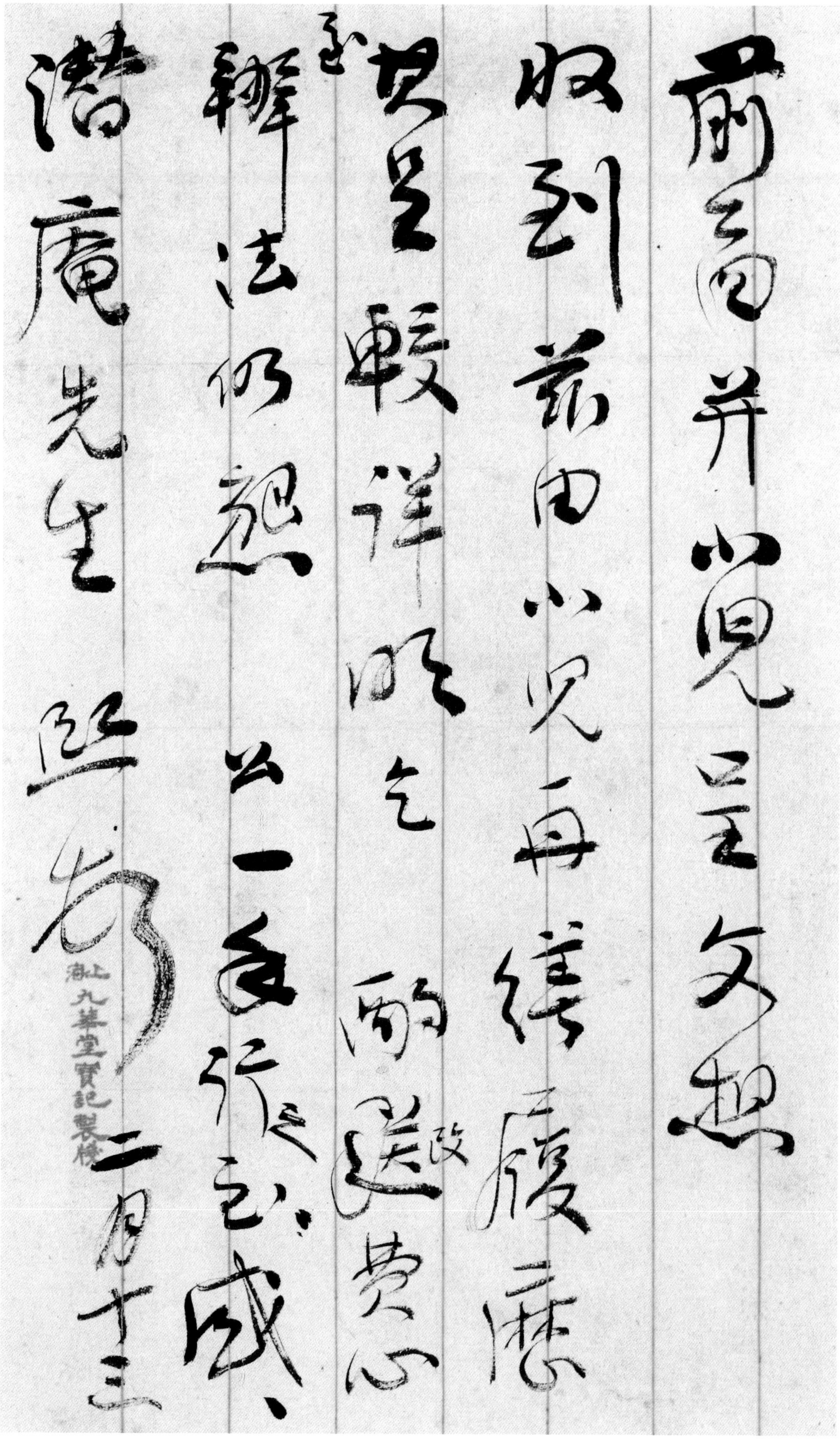

潛盦仁兄如見：去冬承
寄鄧片，知李世兄所帶臨本亦已
荷收到。開歲當有著作，能
惠寄一二乎？大小兒 摯
前係兩江法政學校
卒業，校長為吳康伯，原名
炳煒，嗣回韡，字有遠。
祖庭避之諱改名。摯未經呈明教育部，懇請
閣下查明近日新章何如。如到原籍地方呈文則同轉
遞，係從前舊例，但得回鄉定結便可改名。摯兒
現任浙江寧波鄞縣地方看守所長，應否由小兒
具呈向浙江教育廳長呈部，具辦法如何，懇一我

四一　致楊潛庵書　縱二八厘米 横一一厘米

潛庵仁兄如見：去冬承寄郵片，知李世兄所帶臨本《夏承》已荷收到。開歲當有著作，能惠寄一二乎？大小兒摯前係兩江法政學校卒業，校長爲吴康伯。原名炳煒，嗣因『煒』字有遠祖應避之諱，改名摯，未經呈明教育部。懇請閣下查明近日新章，何如？如到原籍地方呈文，則周轉過多。從前舊例，但得同鄉官結，便可改名。摯兒現任浙江寧波鄞縣地方看守所長，應否由小兒具呈向浙江教育廳長呈部？其辦法如何，懇我兄托部友查明，并乞速覆（教育部中有郴州陳鶴年，名延齡。又江西陳仲謙，皆至好，不識兄相識否？）我兄素於朋友辦事切實，故專托兄也。李世兄近日養病如何？念念。此頌著安。熙頓首。正月廿二日。

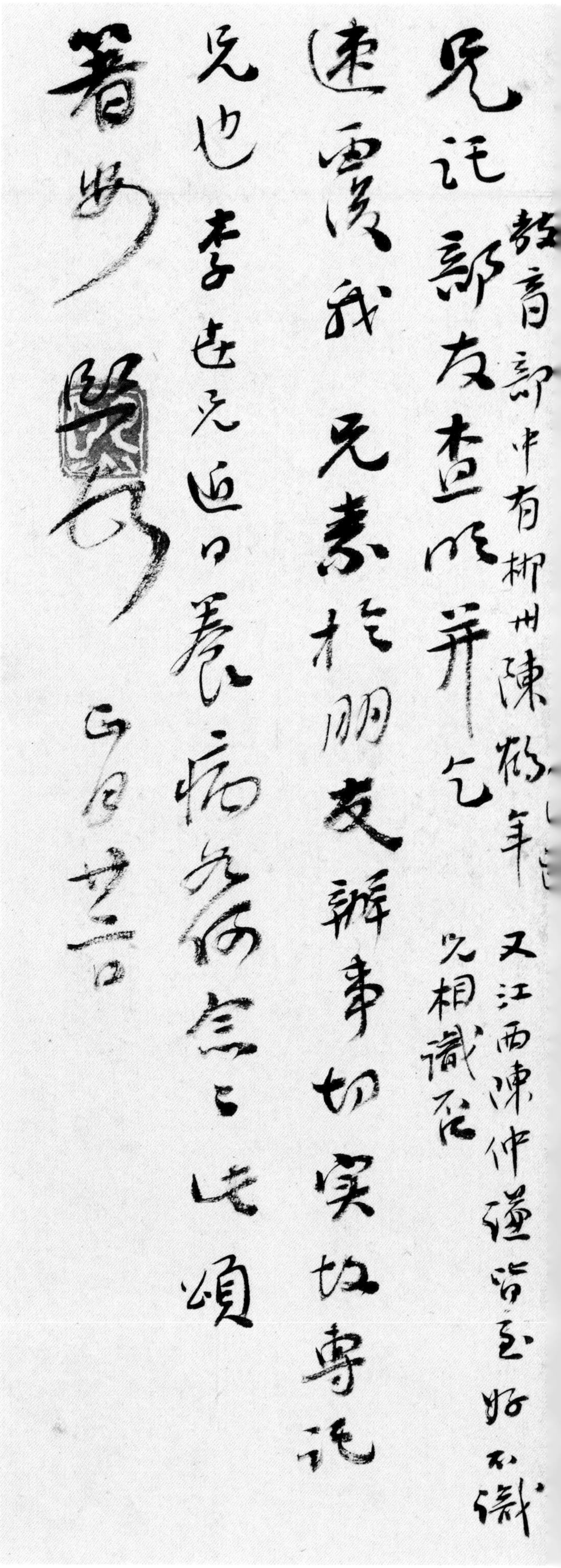

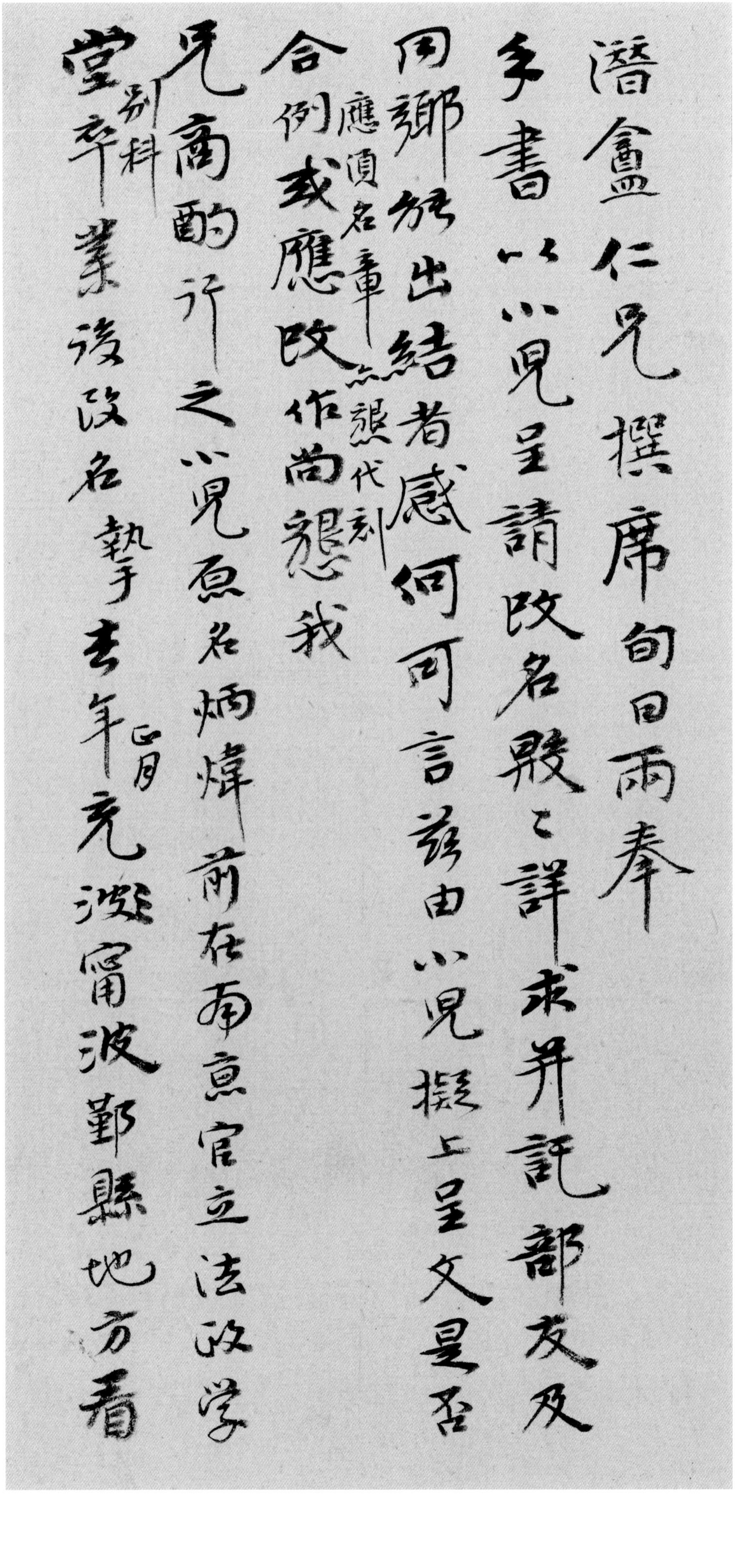
潛盦仁兄撰席旬日兩奉
手書以小兒呈請改名殷殷詳求并託部友及
同鄉能出結者感何可言茲由小兒擬上呈文是否
合例或應改作尚懇我
兄商酌行之（應須名章亦懇代刻）小兒原名炳煒前在南京官立法政學
堂（别科）卒業後改名摯去年正月充寧波鄞縣地方看

四二　致楊潛庵書　縱二七厘米　横一四厘米

潛庵仁兄撰席：旬日兩奉手書，以小兒呈請改名，殷殷詳求，并托部友及同鄉能出結者，感何可言！兹由小兒擬上呈文，是否合例，或應改作，尚懇我兄商酌行之（應須名章，亦懇代刻）。小兒原名炳煒，前在南京官立法政學堂（别科）卒業，後改名摯。去年正月充寧波鄞縣地方看

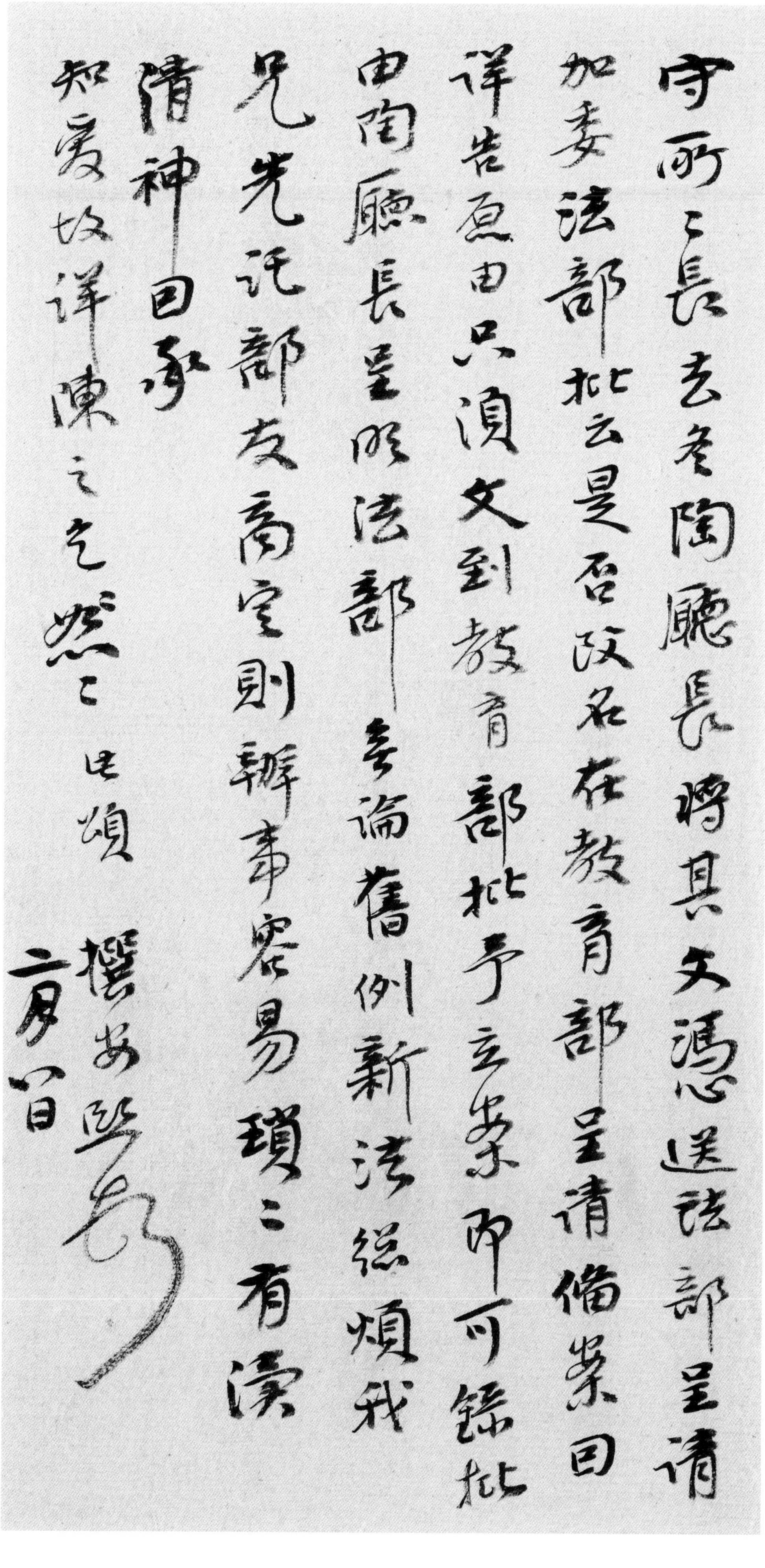

守所所長。去冬陶廳長將其文憑送法部呈請加委，法部批云，是否改名，在教育部呈請備案。因詳告原由，祇須文到教育部批予立案，即可録批，由陶廳長呈明法部。無論舊例新法，總煩我兄，先託部友商定，則辦事容易。瑣瑣有瀆清神，因承知愛，故詳陳之，乞恕，乞恕。此頌撰安。熙頓首。二月八日。

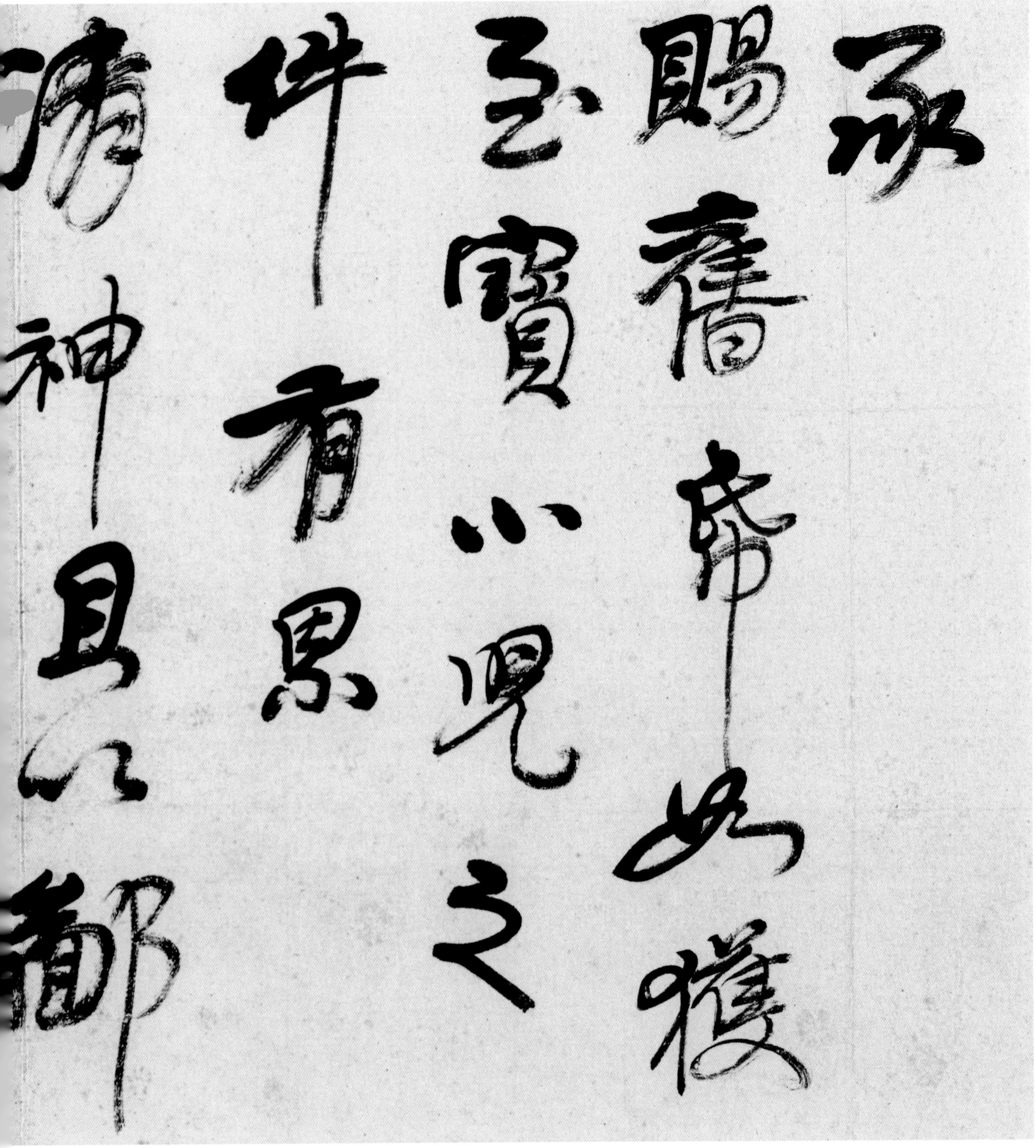

四三　致楊潛庵書

縱一九厘米
橫三五厘米

承賜舊紙，如獲至寶。小兒之件，有累清神。且以鄙懷先函相告，繾綣雅誼，何以報耶？潛弟，熙頓首。清明後二日。

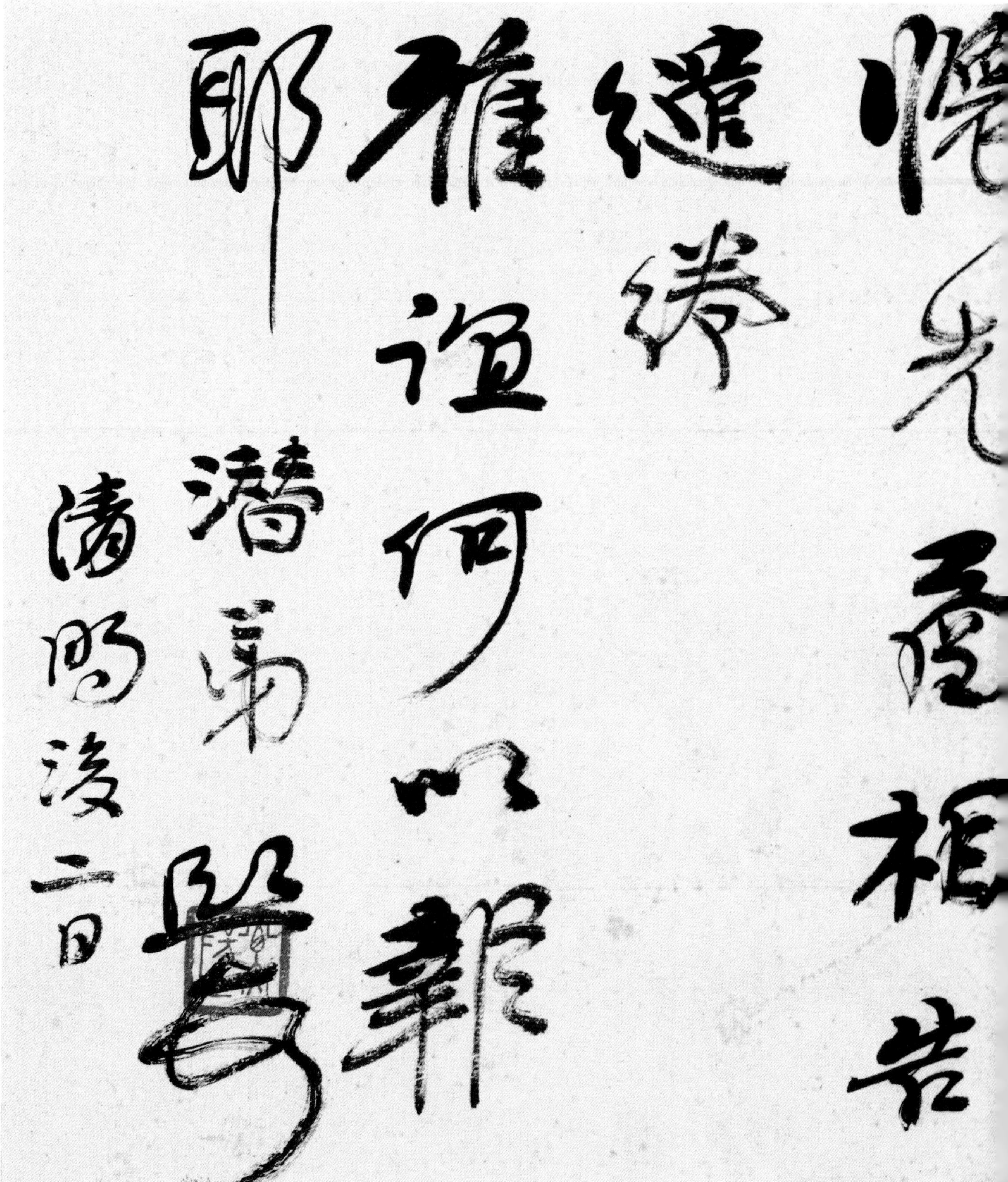
悦光履祖若
遺卷
雅誼何以報
郎
潛弟熙
清明後二日

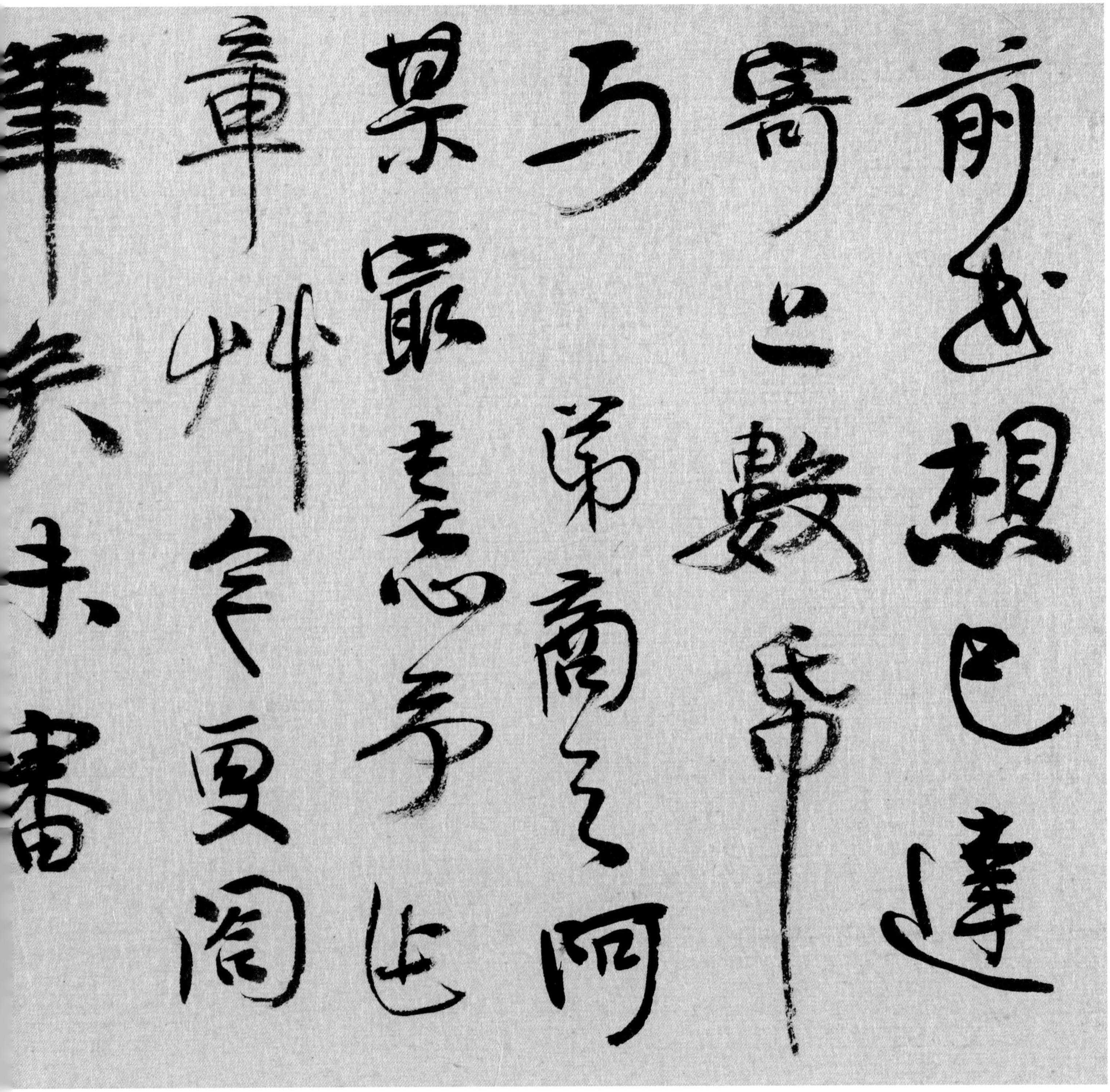

四四　致楊潛庵書

縱一八厘米　橫三九厘米

前書想已達。寄上數紙與弟商之，阿某最意予作章草，今更閣筆矣。未審弟好如何？學部原有舊識，不如仍請弟爲之。來牘并呈。潛弟，熙頓首。四月三日。

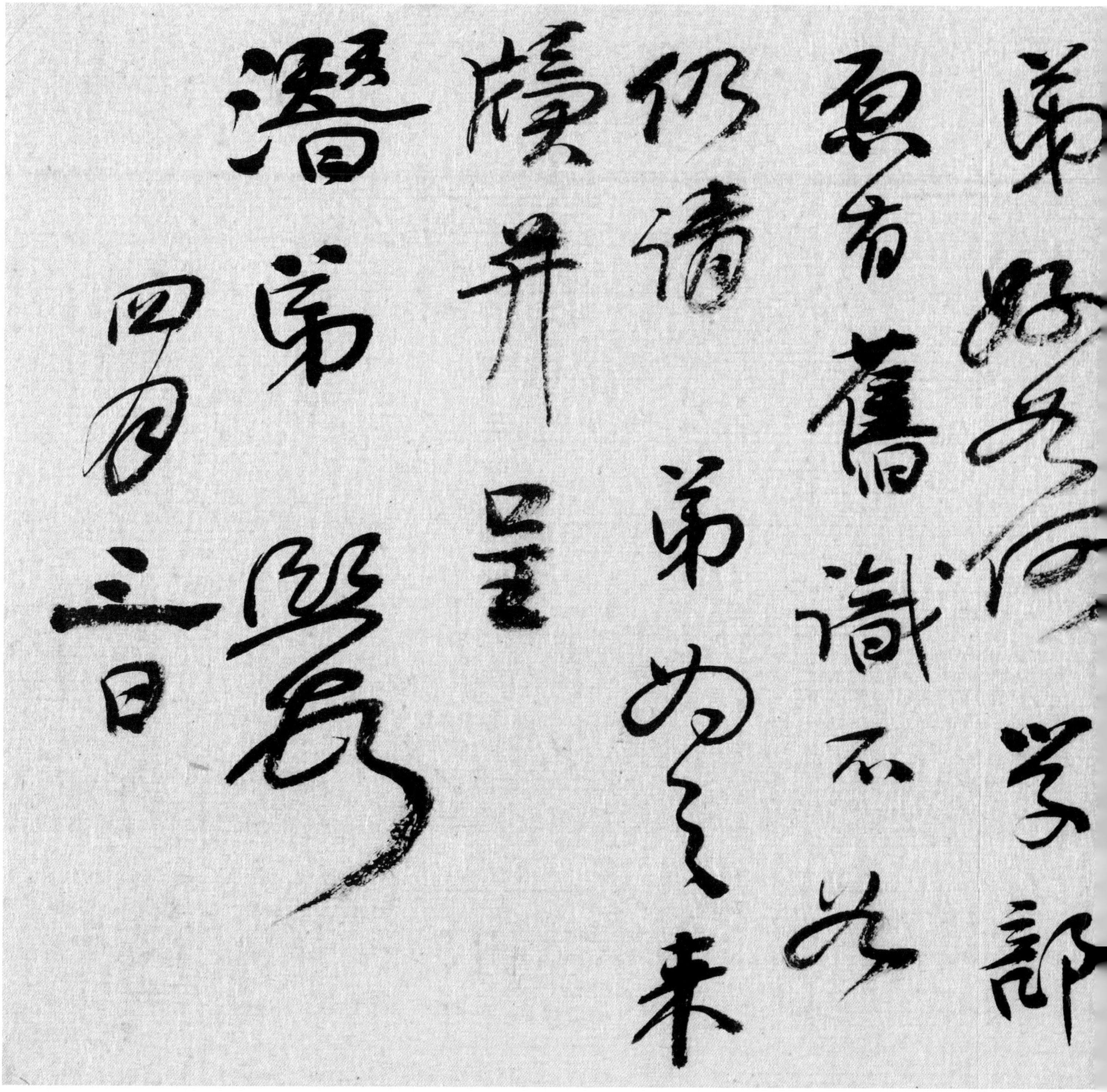
弟好久何學部
面有舊識不爲
仍請弟如是來
樣并呈
潛弟熙
四月三日

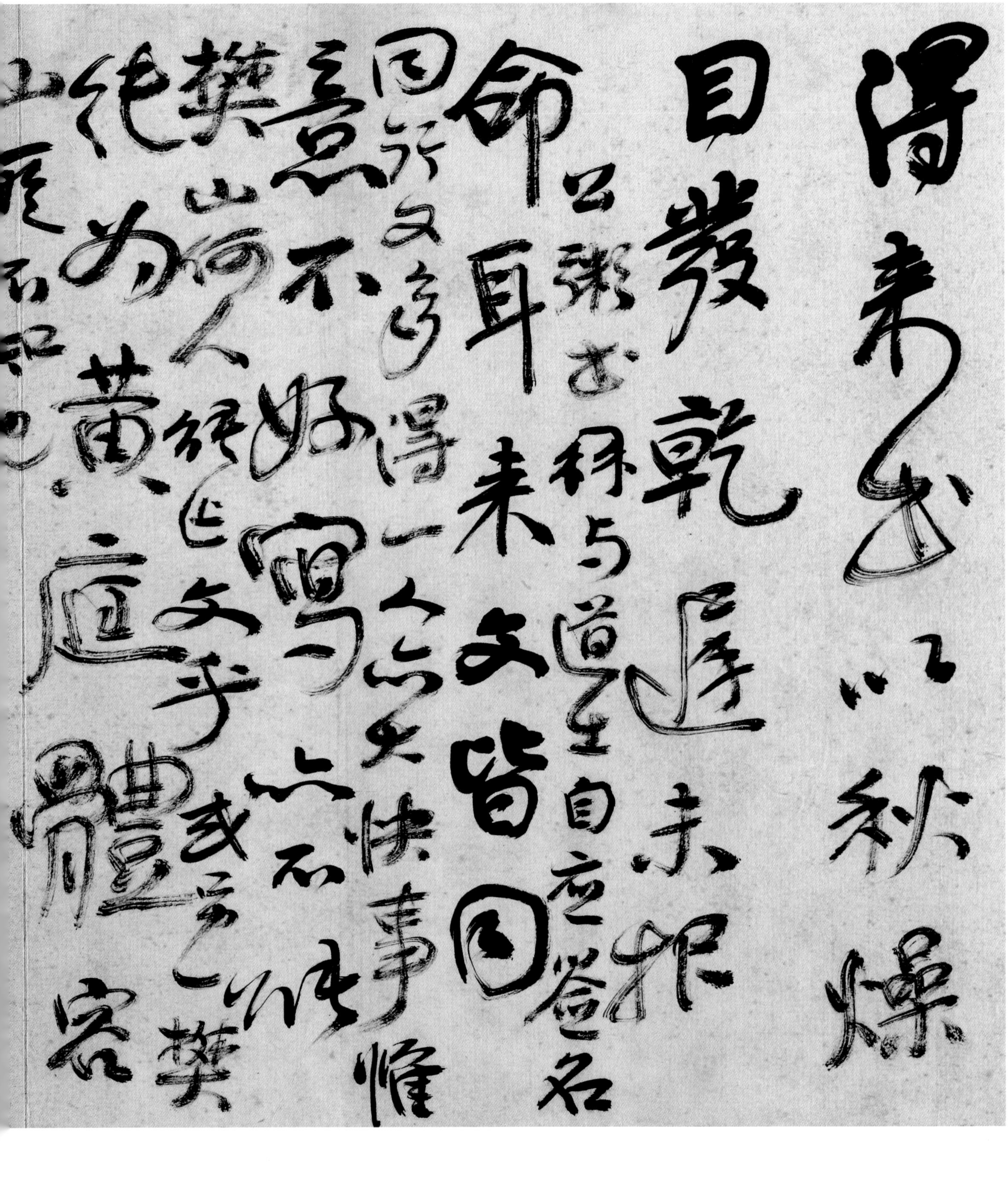

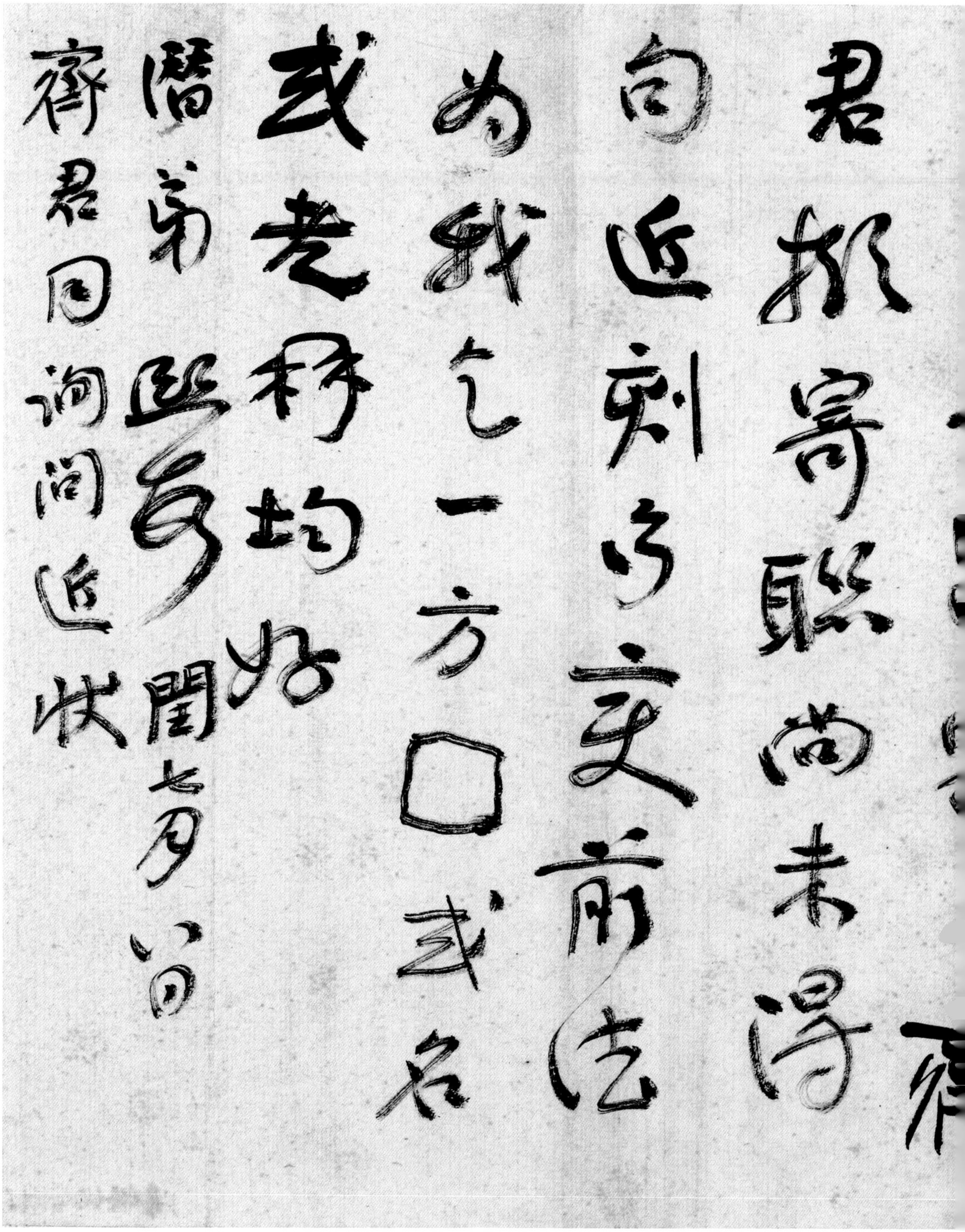

四五　致楊潛庵書　縱二一厘米　横三九厘米

得來書，以秋燥目發乾，遲未報命耳。來文皆同意，亦不能純爲《黄庭》體，容當作另紙寄上。（公鬻書，髯與道人自應簽名。同行又多得一人，亦大快事。惟樊山何人？能作文乎？或另一樊山？所不知也。）齊君擬寄聯，尚未得句。近刻多變前法，爲我乞一方□，或名，或老髯均好。潛弟。熙頓首。閏七月八日。齊君同詢問近狀。

前寄左右書想早入
覽琴瑟新好〃佳皆乞加函偽送吉何
期當以書為賀
尊寄舊寫箋四方幅
來奉
乞教求知所裁候

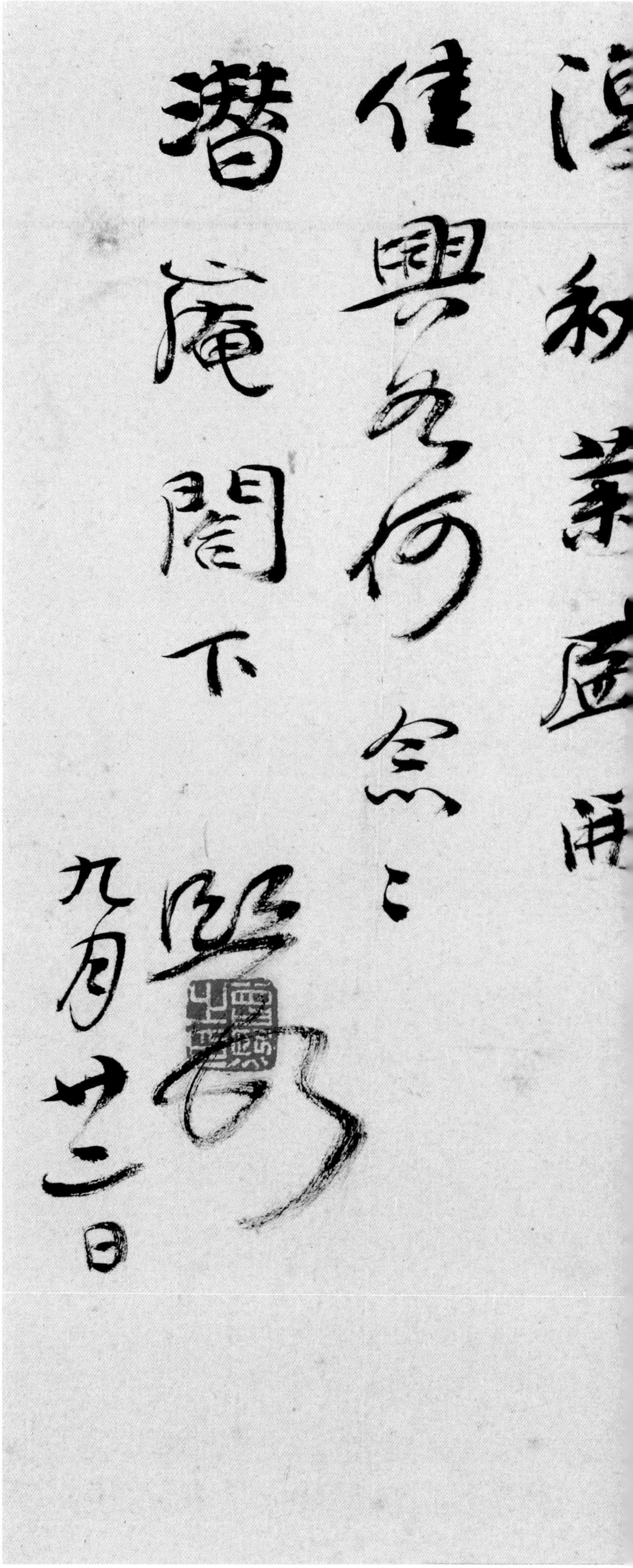

四六　致楊潛庵書　縱二七厘米　橫三四厘米

前寄《座右》書，想早入覽（味皆乞加函飭送）。琴瑟新好，卜吉何期，當以書爲賀。尊寄舊宫箋四方幅，未奉手教，不知所裁，候復。秋菊盛開，佳興如何？念念。潛庵閣下。熙頓首。九月廿二日。

潛弟閣下：十月之交
瓔星吉合，意在古成
之福
龍鳳之慶，方頌賀鸞翩
以萬屬稱成之日，選四體
以竹新擁，方集鶴銘一

四七　致楊潛庵書　縱二八厘米　横四三厘米

潛弟閣下：十月之交，雙星吉合，意在書成龍鳳之箋，方頌鴛鴦之福，嗣以函屬髯成之，因選四體，以介新懽。另集《鶴銘》一聯，尚適意。新歲裝成，吉語亦可佐酒。此間無北京書案方氈，乞弟遣价往内城買以寄髯，何如？（以緑藍色者佳。其著名者爲老猴記，前日舊話也。請購兩氈，郵寄。因舊毯墨已山積矣。）此頌儷福。熙頓首。十二月廿三。

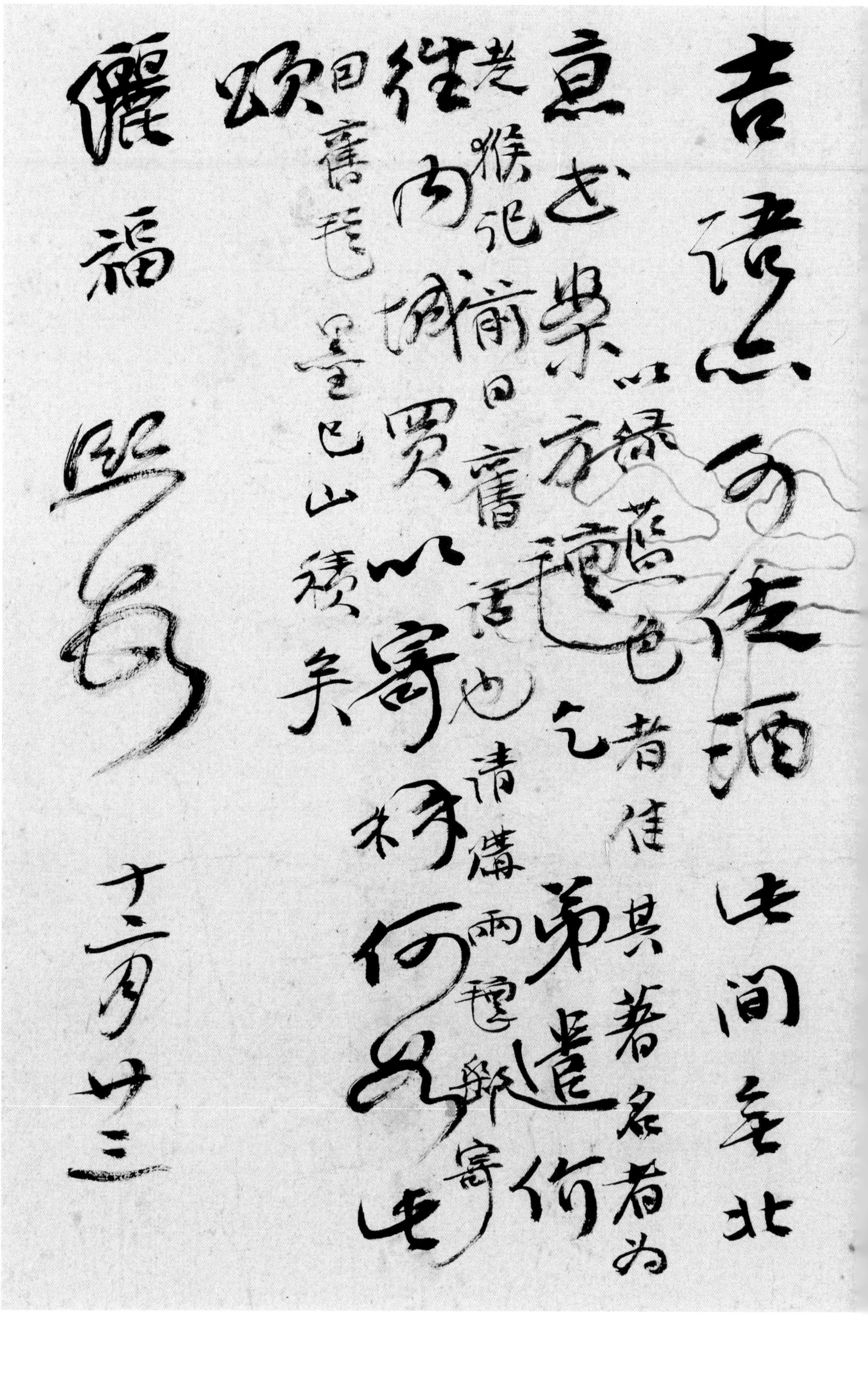

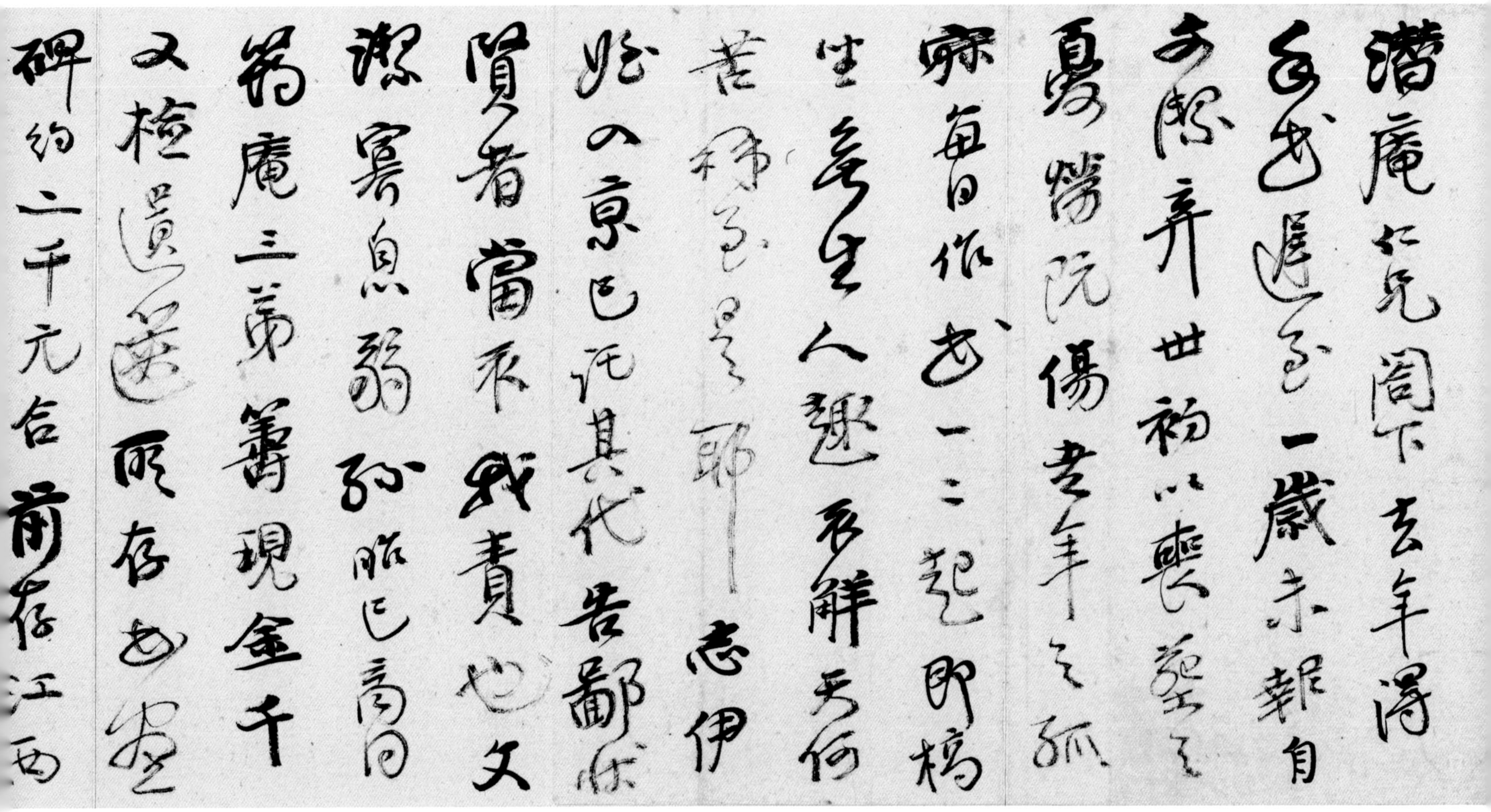
潛庵仁兄閣下 去年得
手書遲至一歲未報自
文潔棄世初以喪
葬之憂勞既傷老年之孤
寂每日作書一二起即槁
坐無生人趣不解天何
苦髯至是耶 志伊
侄入京已託其代告鄙狀
賢者當不我責也文
潔寡息弱孫昨已商同
筠庵三弟籌現金千
又檢遺篋所存書畫
碑約二千元合前存江西

四八　致楊潛庵書　縱二七厘米　橫一〇七厘米

潛庵仁兄閣下：去年得手書，遲至一歲未報。自文潔棄世，初以喪葬之憂勞，既傷老年之孤寂，每日作書一二起即槁坐，無生人趣，不解天何苦髯至是耶？志伊侄入京，已託其代告鄙狀，賢者當不我責也。文潔寡息弱孫，昨已商同筠庵三弟，籌現金千，又檢遺篋所存書、畫、碑約二千元，合前存江西及髯所送，已足四千元，已令其父胡瀨堂先生携回江西（書至此即不成字，閣下當知之），計明日首塗，并乞告志伊侄。惟墓尚未修，墓田未置，神道碑未立，三項尚非四千元不辦，未安死者，先恤生者，亦實不得已也，尚乞與志伊侄就商之（筠弟當有詳函）。閣下鬻書生易大暢，而信義之高行，久播人口，可見亂世亦尚有公道也。（去年承寄書氈二條，原係託買，去價若干？幸告。）吾湘大荒，奈何！奈何！沉雨悶極。即詢起居百吉。熙頓首，五月既望。

已見及胡漱堂先生携回

江西計明日首塗，并乞告

志伊姪，惟墓尚未備，墓

田未置，神道碑未立，三項

尚非四千元不辦。未安祀

者，先恤生者，亦實不得

猶弟當有詳函

已也。尚乞與伊姪熟商

去年承寄安穩二條原紙託

買，云價若干，幸告

之。

閣下謝之，生為大賜，為信

義之高行，久播人口耳。

見亂世亦當有公道也。吾

湘大荒，奈何奈何。沈雨問

極以詢

起居百吉　興寂

弟 沈塱

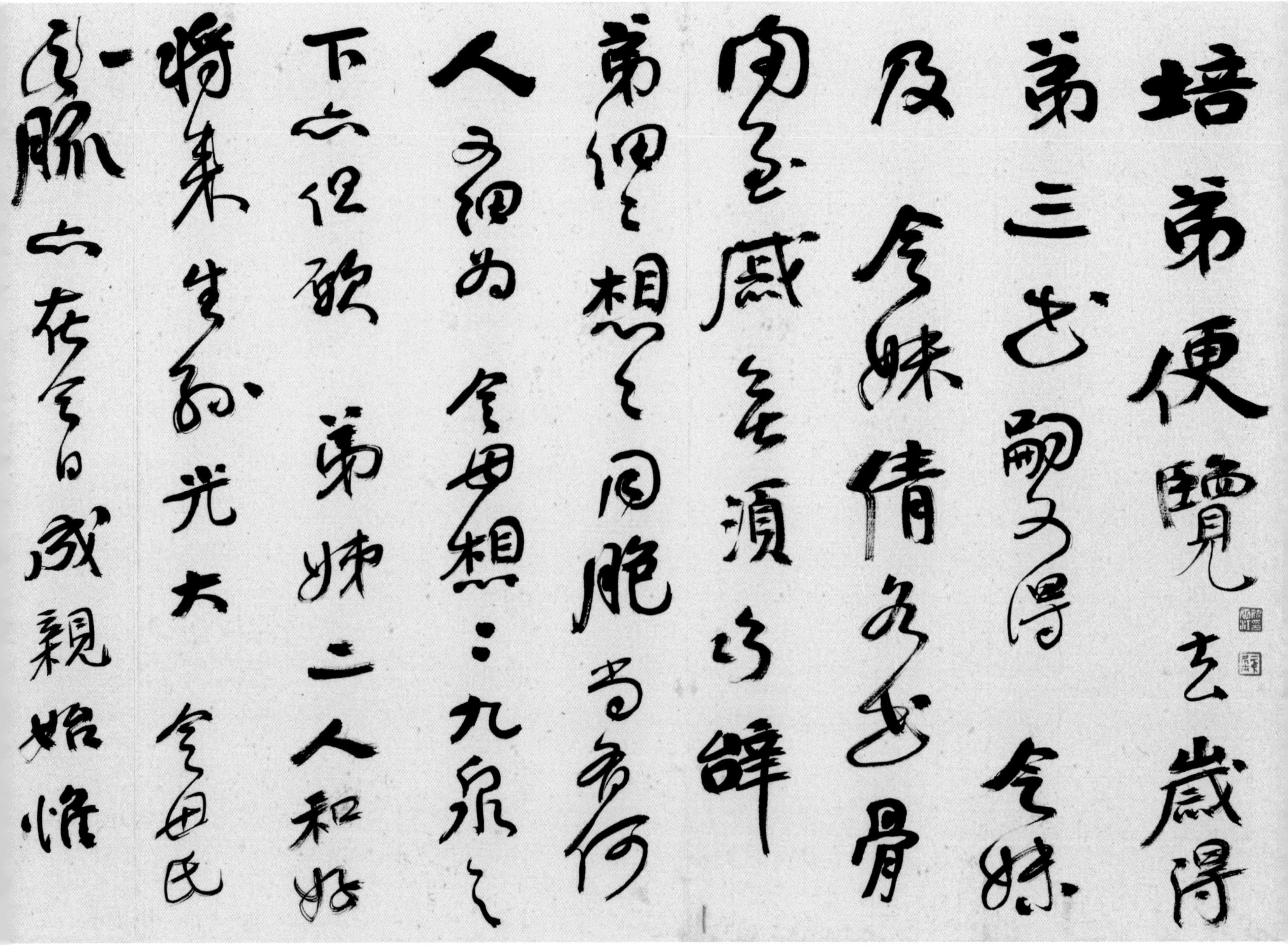

四九　致李瑞蔭書　縱二八厘米　横八三厘米

培弟便覽：去歲得弟三書，嗣又得令妹及令妹倩各書。骨肉至戚，無須多辭，弟細細想想，同胞尚有何人？又細爲令母想想，九泉之下，亦但願弟姊二人和好。將來生孫，光大令母氏一脉，亦在今日成親始。惟弟向來説話直率，因之不無小嫌。然總須婉和，平情盡理。既已成親，一切均以節儉。至寄存之款，令妹倩寄來數單，亦極明白。此後請彭楚翹先生爲第三人，無論典借及生息之多寡，必經楚翹（先）生畫押，從此弟可安心矣。餘詳楚翹先生函中。即詢近佳。熙頓首。正月廿九日。

以慰然從晚和平情盡
理院已成親一切均以弟為
至寄存之款令妹倩
寄來數單亦極明白此
後請叔梵翁先生為弟
三人各將典借及生息之
存寄必須梵翁先生查
押得之弟可安心矣除
詳梵翁先生面中即詢
近佳　弟鼎頓
正月廿九日

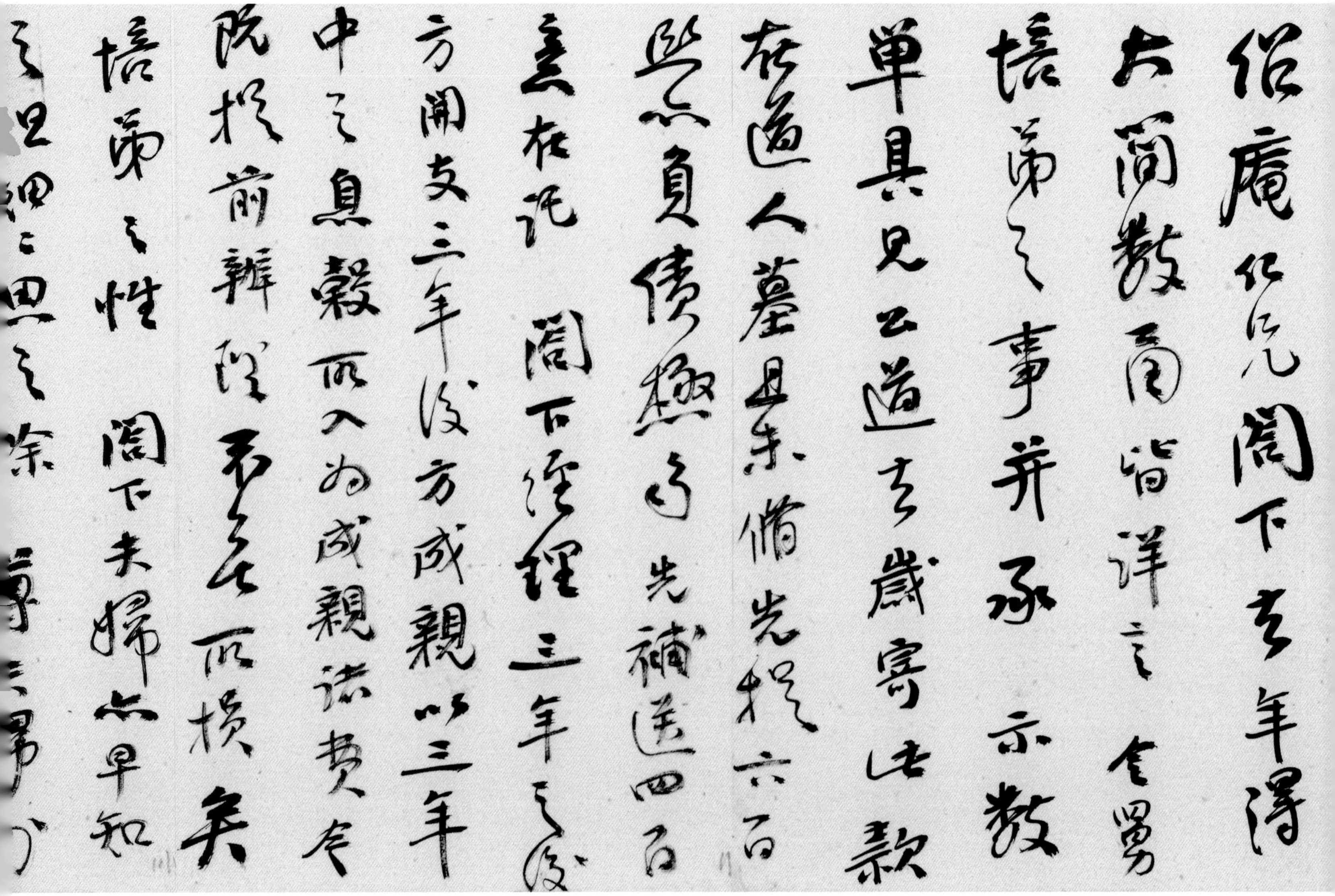

五〇　致李紹庵書　縱二八厘米　橫九厘米

紹庵仁兄閣下：：去年得大簡數函，皆詳言令舅培弟之事。并承示數單，具見公道。去歲寄此款，在道人墓且未修，先提六百。熙亦負債極多：：先補送四百，意在託閣下經理三年之後方開支。三年後方成親，以三年中之息穀所入，爲成親諸費。今既提前辦理，不無所損矣。培弟之性，閣下夫婦亦早知之。但細細思之，除尊夫婦外，更有何人可託？一切乞閣下以同胞遇之，雖涕泣而道可也。惟銀錢細事，雖析爨之兄弟，亦須載明紙筆，以免嫌隙。今與筠庵三弟同商辦法，請楚翹兄爲第三人擔任之，務求賢夫婦勿以口角小嫌置之不理。培弟另有函詳告之。春寒，幸珍攝。熙頓首。正月晦日。令夫人前均此。

閤下以同胞之誼倘注而道
可也惟銀錢細事誼析纍
之兄弟六人負載所帶筆以免
墮隙令子蒋庵三弟同商議
况清標之艷兄為弟之人梳
任之務求
賢夫婦勿以口角小憾置之
不理信弟家有商詳告之
春寒之幸
珍攝為 [illegible]晦日
令夫人前均此

送上洋十元為刻經版
先付之款下十二元裱成
即付上
前買尊處之三闕假託
兄代售出原價十元以八元為定

五一　致鄒先生書　縱二八厘米　橫三三厘米

送上洋十元，爲刻經頌先付之款，下十二元裱成即付上。前買尊處之《三闕》，仍託兄代售出（原價十元，以八元爲定）。《石門頌》學生以破殘不要，《三闕》殘本以八元何如？鄒先生。髯頓首。

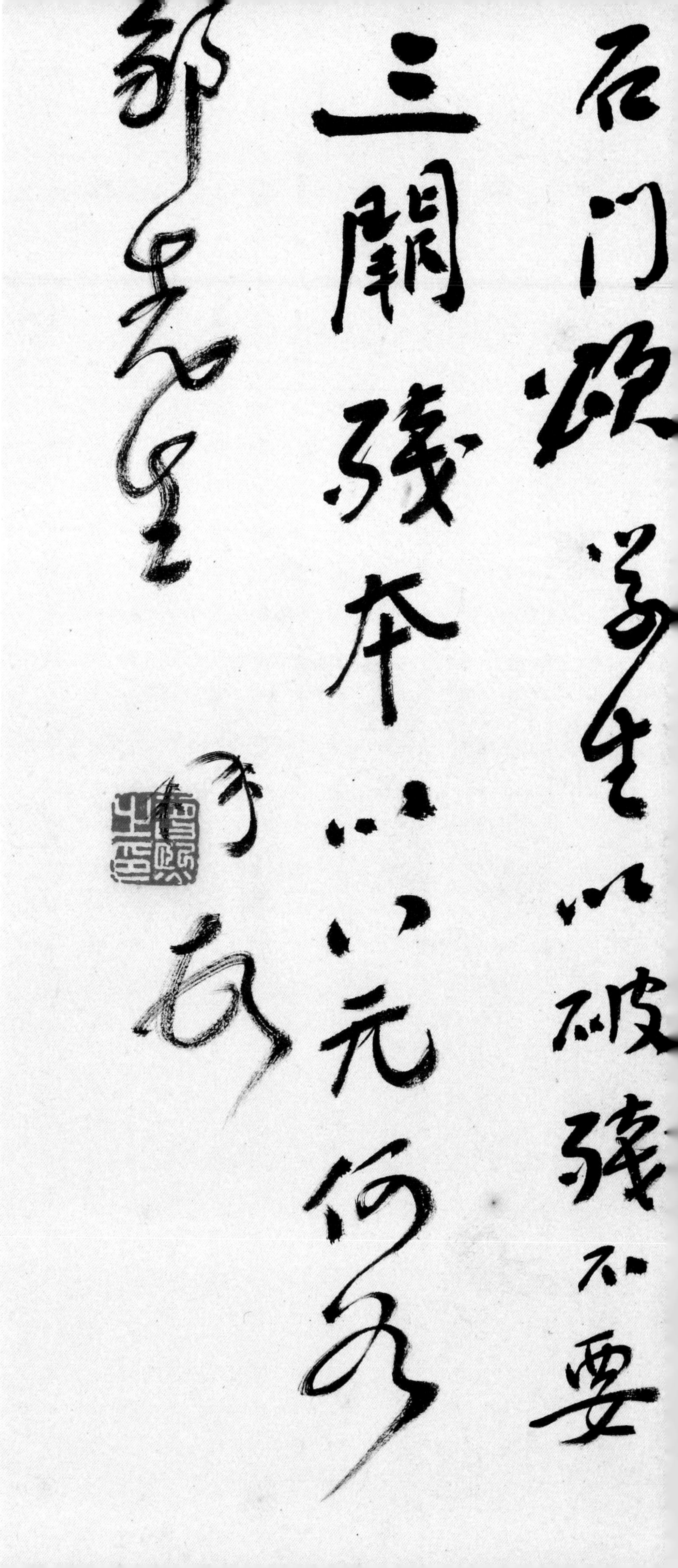

五二　致鄒先生書　縱二八厘米　横一七厘米

前有山水卷子託襯紙一層，何久不交耶？鄒先生。髯頓首。

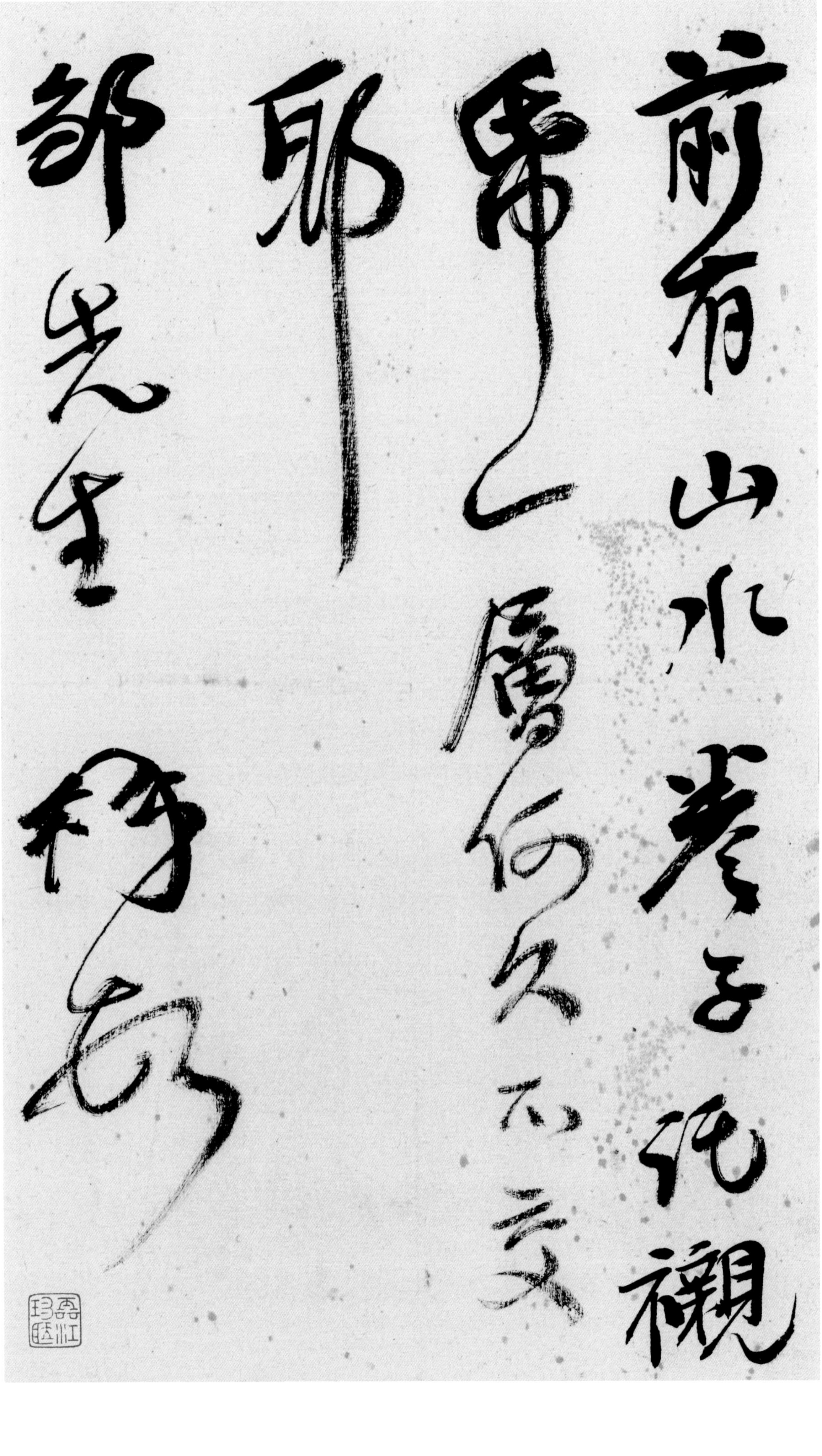

五三　致陸先生書　縱二六五厘米　橫一七厘米

曾珂來書，因病須家中延醫調治，乞准假。即頌陸先生大安。熙頓首。九月十日。

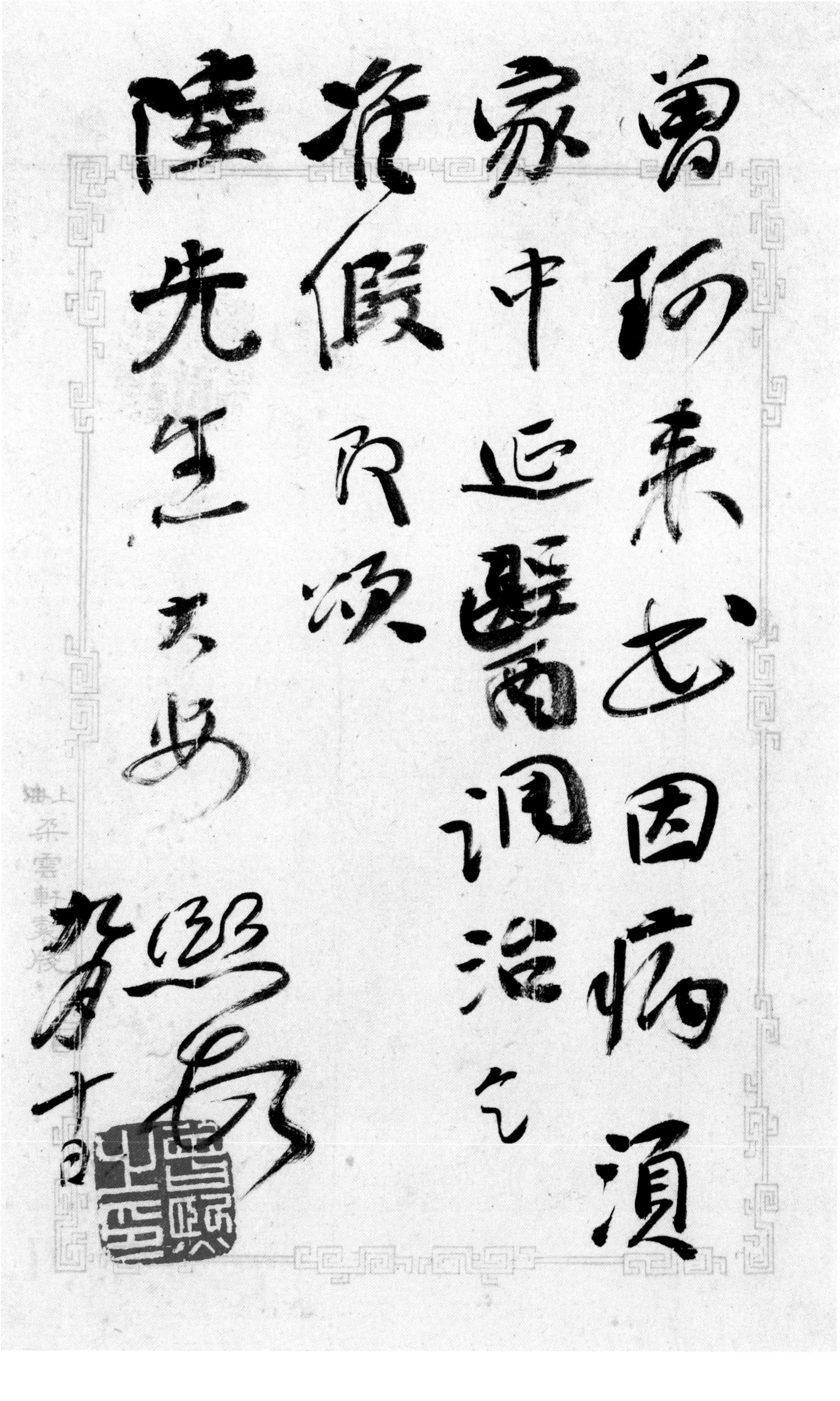

日来尊體佳勝否念二十四日午後七鐘請至舍間一敘因家嚴兩教宴餘福也熙

五四　致趙養矯書　縱三〇厘米　橫三二五厘米

日來尊體佳勝否？甚念，甚念。二十四日午後七鐘，請至舍間一敘。因家祭可敬客綏福也。如尊體尚未適，不須强來。敹矯先生。熙頓首。廿二。

前日承
枉顾并承
遗我乾肉大方孤
拜
穉橘之赐内子我何
爱之真耶廿四千司

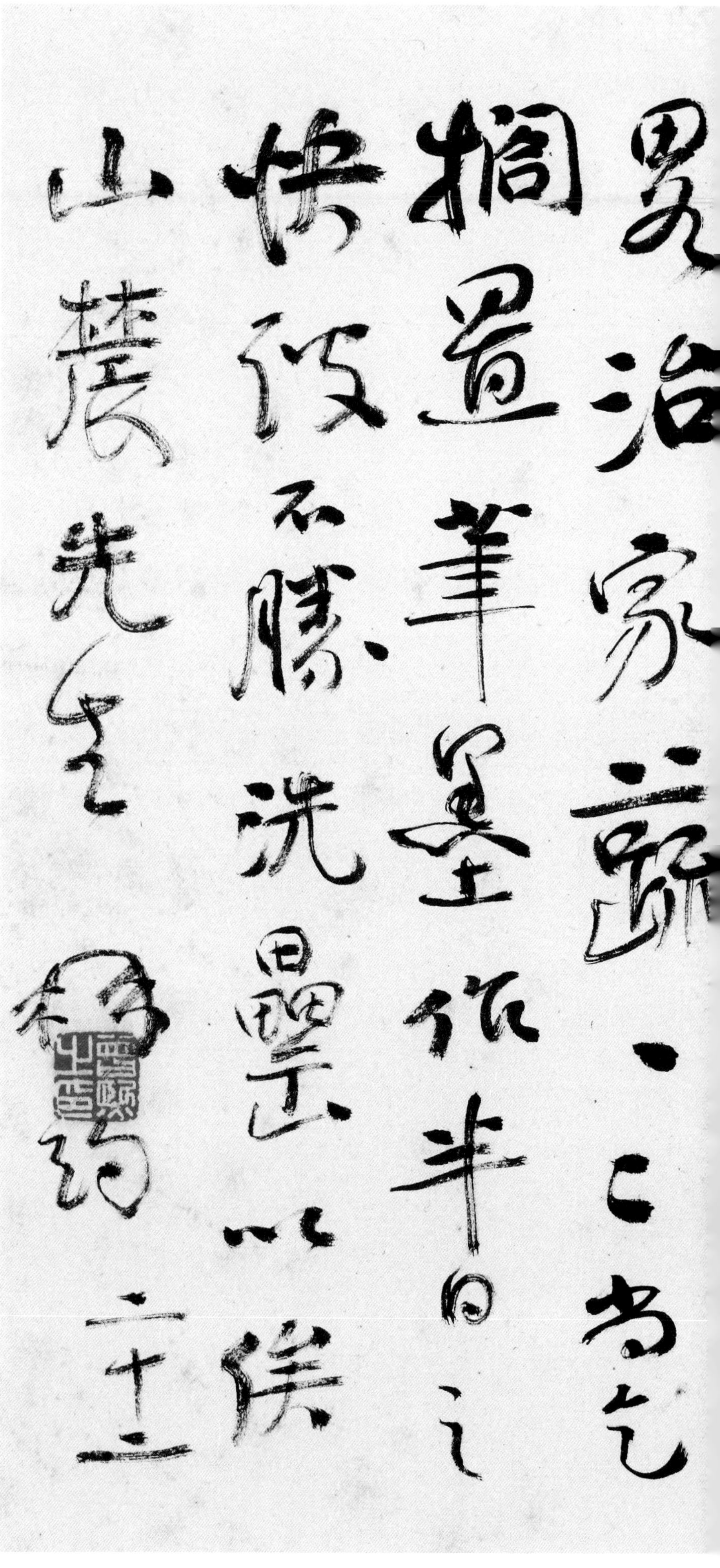

五五　致劉山農書　縱二八厘米　橫三八厘米

前日承枉顧，并承遺我乾肉大方。既拜種橘，又分肉予我，何愛之厚耶？廿四午間略治家蔬一二，尚乞擱置筆墨，作半日之快談。不勝洗罍以俟。山農先生。巽約。二十二。

回國新年忽
忽馬車可雇改
不及走送乗三
送五惜困一方為
弟舟中立以也

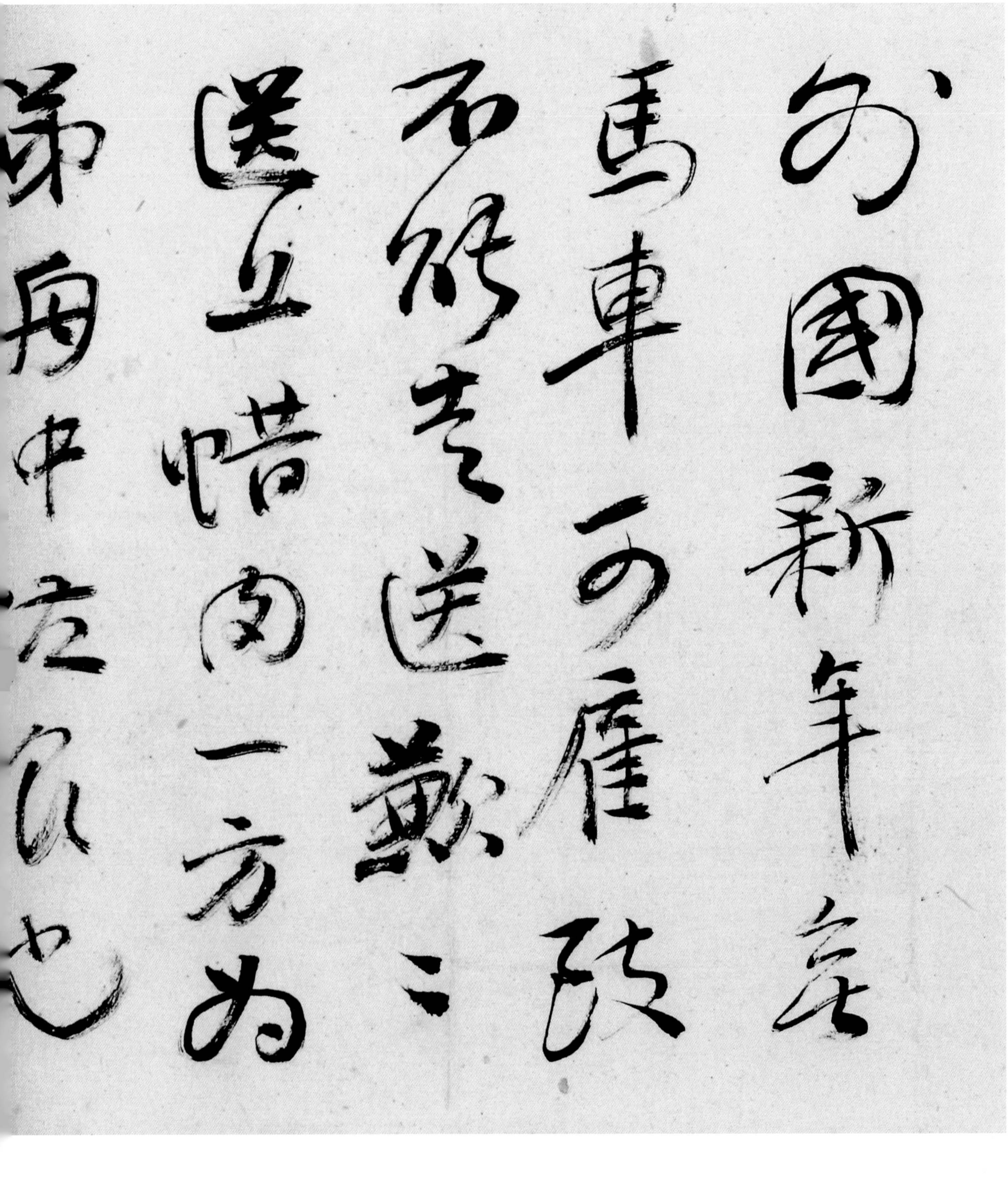

五六　致任壽國書　縱一六厘米　橫三〇厘米

外國新年，無馬車可雇，致不能走送。歉歉。送上臘肉一方，爲弟舟中佐食也。外兩書，乞袖交。何日安抵豫章，幸以書告我。

壽國五弟。熙頓首。即刻。

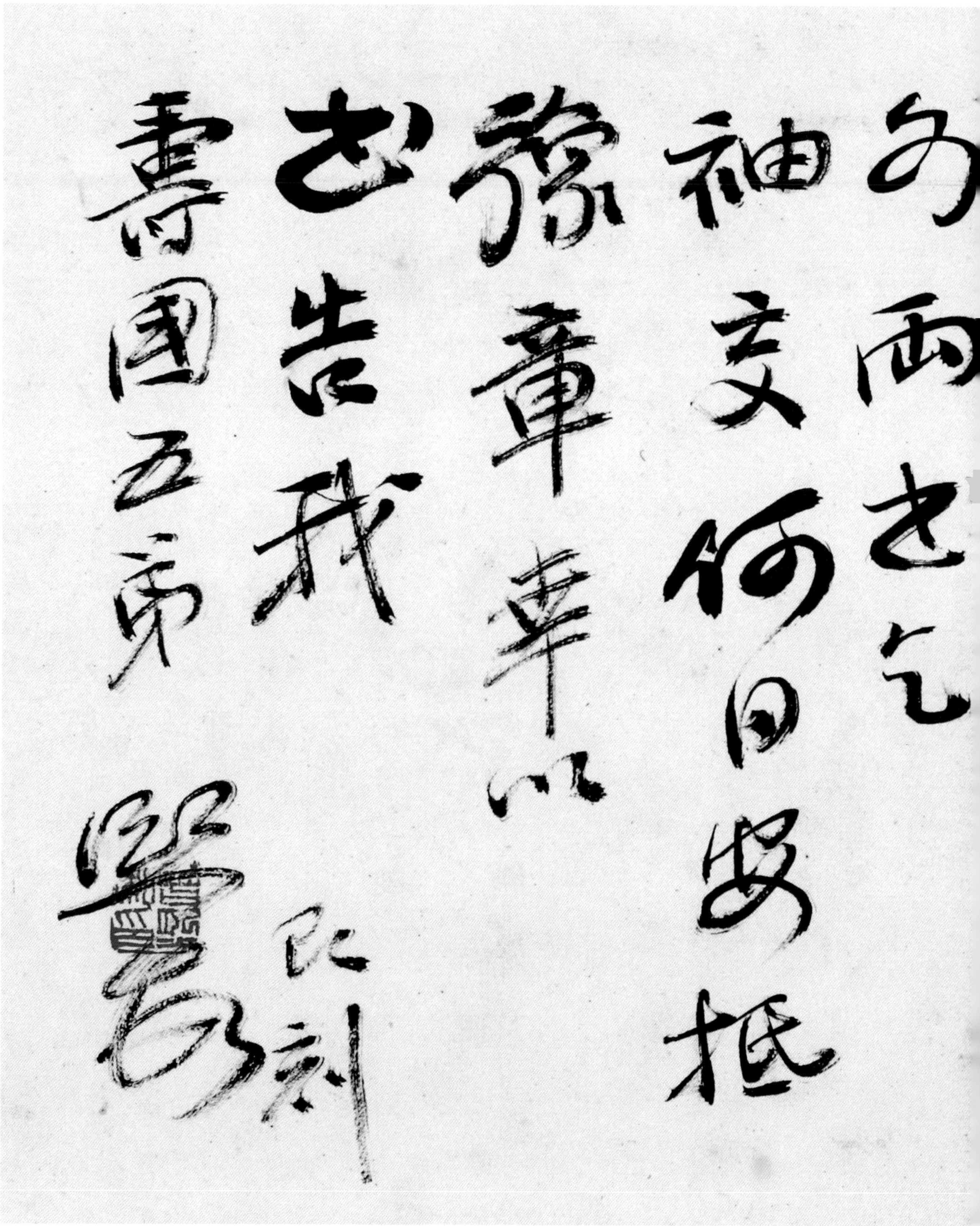

閣下即還示賻呈十金
聊表微意內二十元六
寄上剋回仲乾表子為
官困異常六姊妙送目

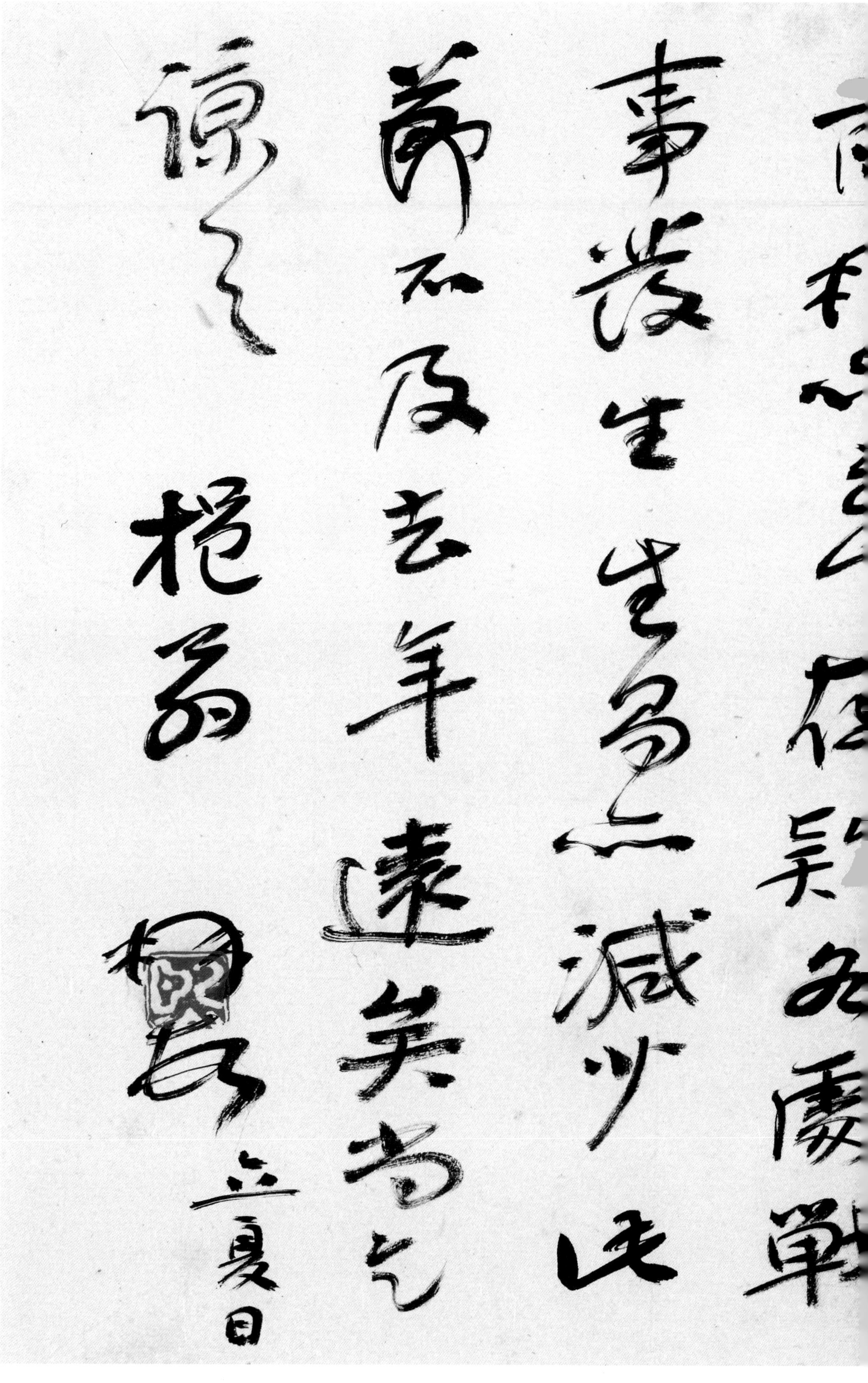

五七　致朱挹芬書　縱二八厘米　橫三六厘米

閣下即歸，兹䞋呈十金，聊表微意。外二十元亦寄上。刻因仲乾丧子而窘困異常，亦擬少送。目前髯亦無存款。各处戰事發生，生易亦減少。此節不及去年遠矣。尚乞谅之。挹翁。髯頓首。立夏日。

前收蒯法李法兄五十仍
李篆額因散条整即行
氣不舒暢書易也之天寶
樓而來寫意之茗復不能
置之不理又向觀翁乞一望

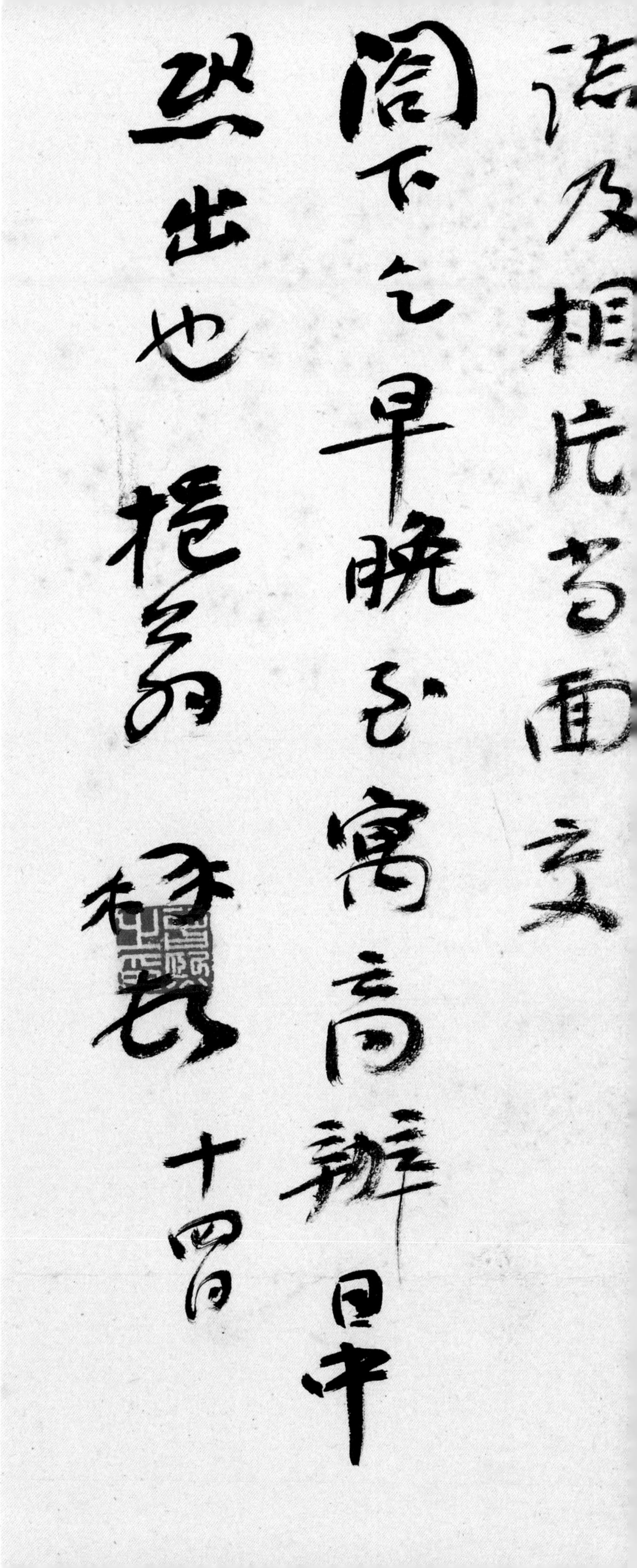
誌及相片當面交
閣下乞早晚至寓商辦日中
恐出也　挹翁
髯　十四日

五八　致朱挹芬書　縱二八厘米　橫二九厘米

前收《蒯誌》《李誌》各五十份。李篆額因散條，整印行氣不舒暢，當另書之。天寶樓可來寓商之，答復不能置之不理。又向親翁先人墓誌及相片，當面交閣下，乞早晚至寓商辦，日中恐出也。挹翁。髯頓首。十四日。

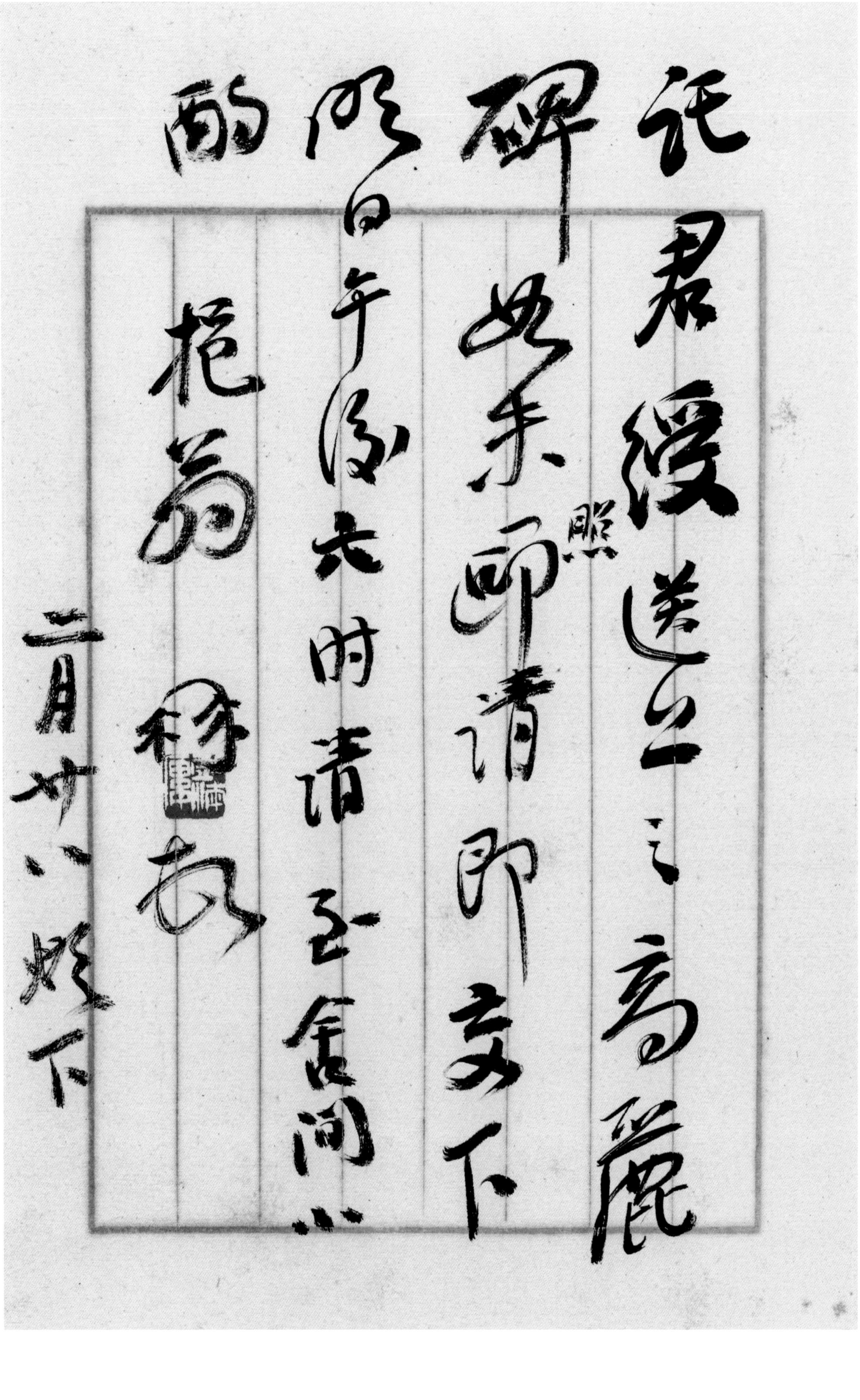
託君綬送上之高麗碑，如未照印，请即交下。明日午後六時，請至舍間小酌。挹翁。髯頓首。二月廿八燈下

五九 致朱挹芬書 縱二六厘米 橫十七厘米

託君綬送上之《高麗碑》，如未照印，请即交下。明日午後六時，請至舍間小酌。挹翁。髯頓首。二月廿八燈下。

六〇　致舜欽書　縱二一六厘米　横一七厘米

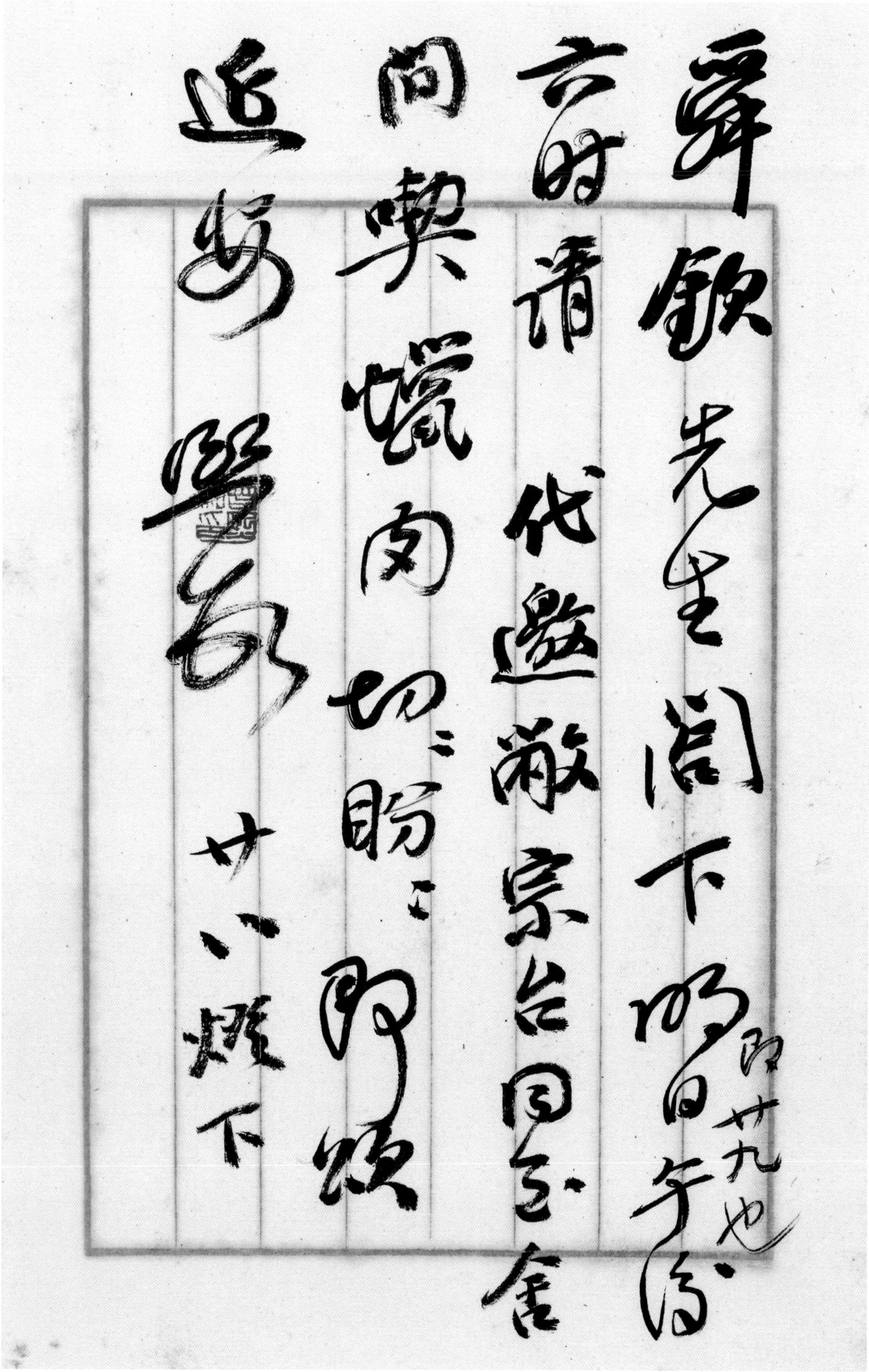

舜欽先生閣下：明日（即廿九也）午後六時，請代邀敝宗台同至舍間喫蠟肉。切盼，切盼。即頌近安。熙頓首。廿八燈下。

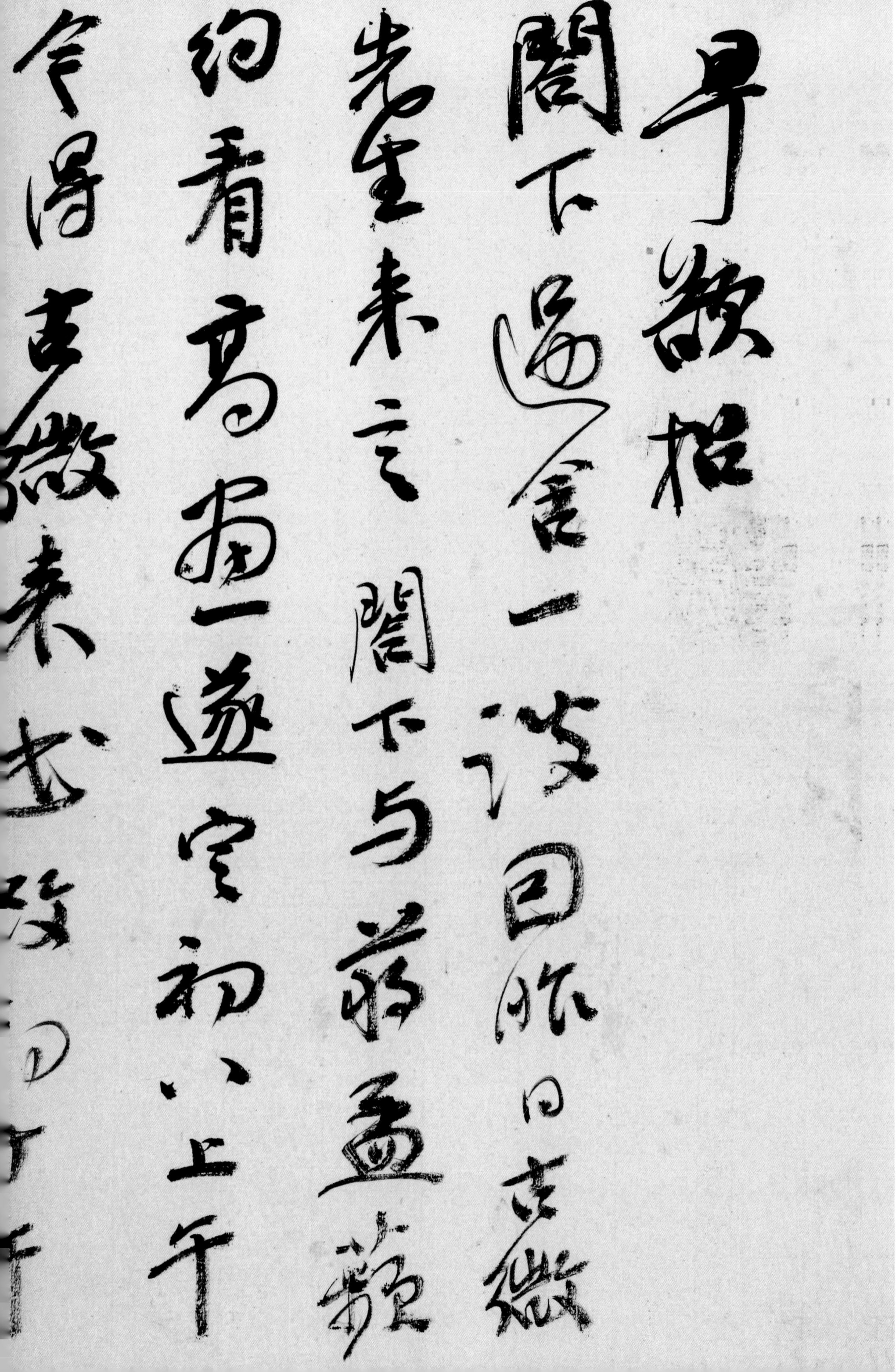
手教招
閣下過舍一談，曰昨日吉纖
光重来云
閣下与蒋孟蘋
约看齋畫一遊，定初八上午
令得吉徵来去跋日下午

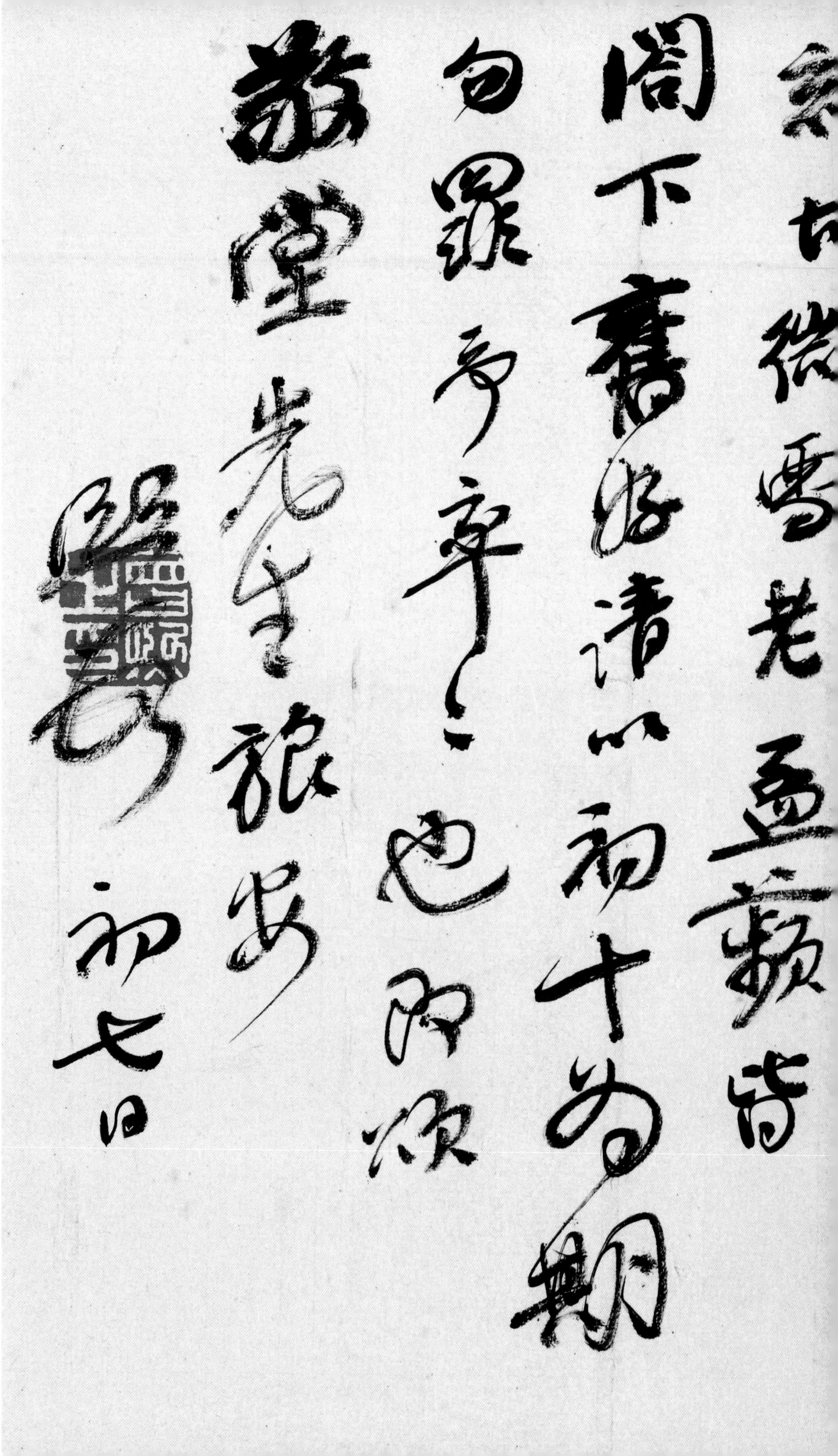

六一　致李敬堂書　縱二八厘米　横三六厘米

早欲招閣下過舍一談，因昨古微先生來言：閣下與蔣孟蘋約看高畫，遂定初八上午。今得古微來書改初十午刻。古微、雪老、孟蘋皆閣下舊好，請以初十爲期，勿罪予率率也。即頌敬堂先生旅安。熙頓首。初七日。

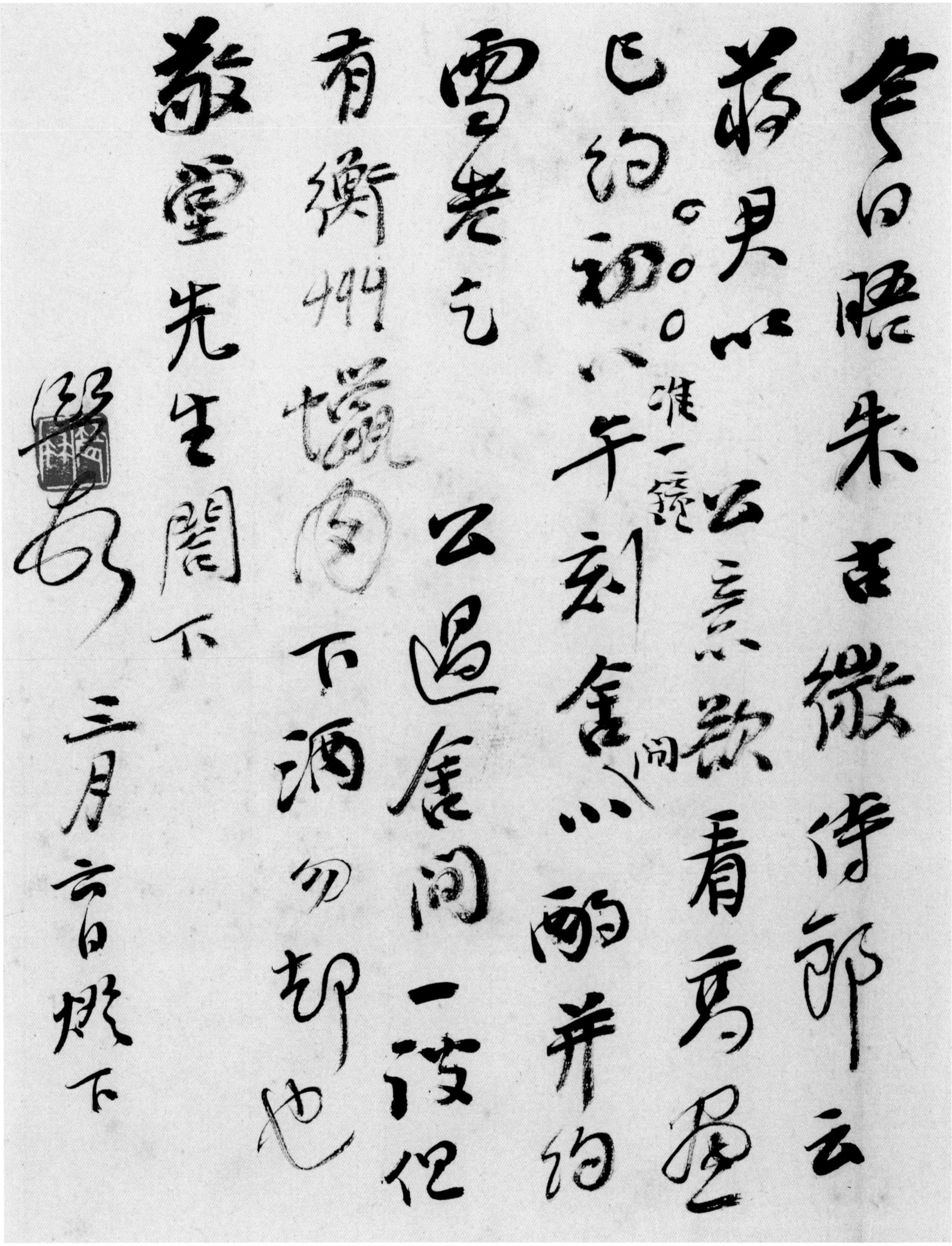
今日晤朱古微侍郎云蔣君以公意欲看高畫已約初八午刻准一鐘舍間小酌并約雪老乞公過舍間一談但有衡州蠟肉下酒勿却也敬堂先生閣下熙三月六日燈下

六二　致李敬堂書　縱二八厘米　橫二二厘米

今日晤朱古微侍郎，云：蔣君以公意欲看高畫，已約初八午刻准一鐘舍間小酌。并約雪老。乞公過舍間一談，但有衡州蠟肉下酒，勿却也。敬堂先生閣下。熙頓首。三月六日燈下。

六三　残札　縱二七厘米　横一六厘米

道人之房山畫，寄存敝篋。古微、孟蘋索觀。約定初十午間，舍下略有衡州蠟肉，藉可下酒。

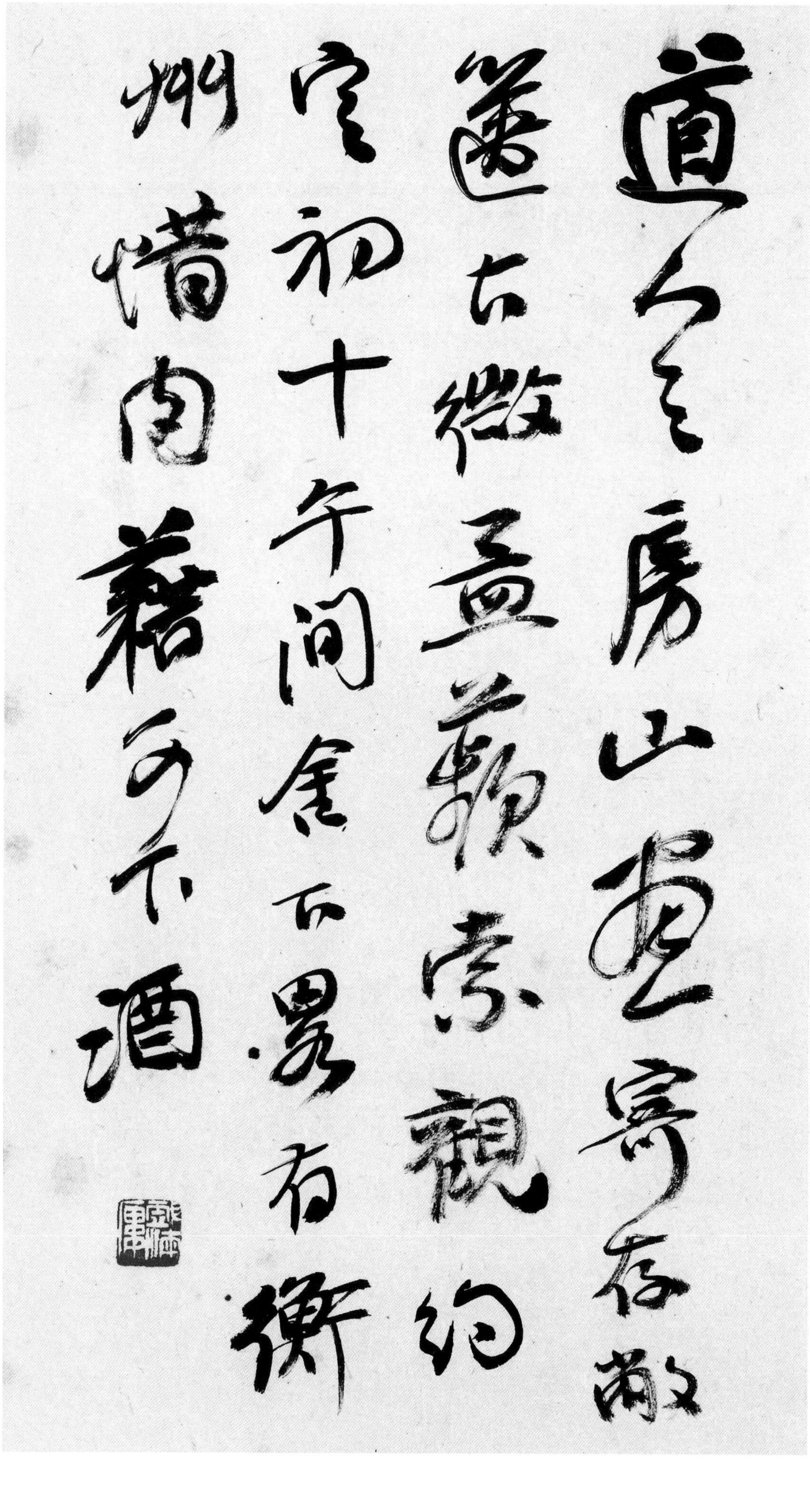
道人之房山畫寄存敝
篋古微孟蘋索觀約
定初十午間舍下略有衡
州蠟肉藉可下酒

六四　致浴齋書　縱二五厘米　橫一七厘米

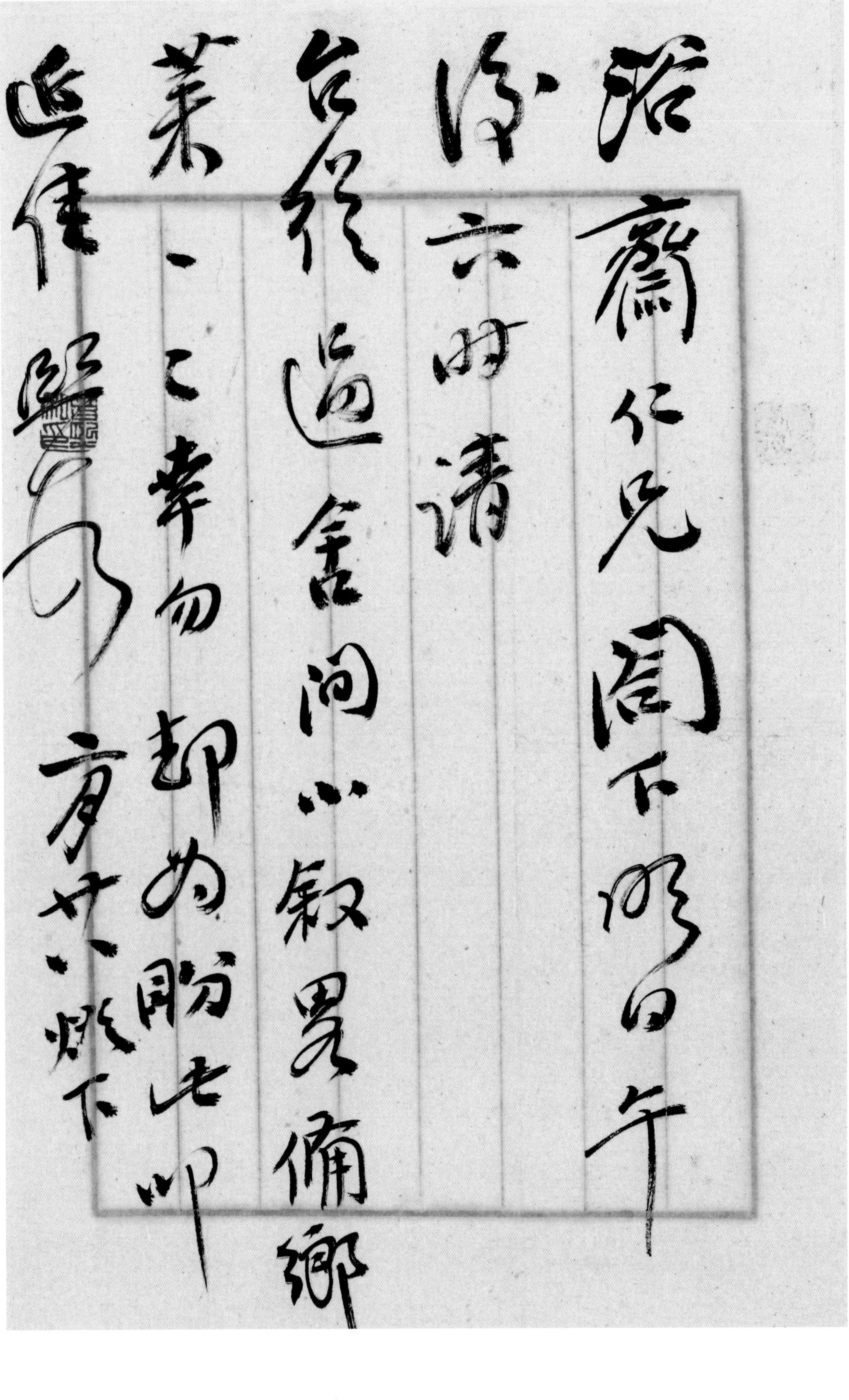

浴齋仁兄閣下：明日午後六時，請台從過舍間小叙，略備鄉菜一二，幸勿却爲盼。此叩近佳。熙頓首。二月廿八燈下。

六五　致趙叔孺書　縱二八厘米　橫一八厘米

又有送《封龍山》來，請檢前二本，并閣下一本，并校之。連城之璧，奉上叔孺先生趙大人。髯頓首。三月三日。

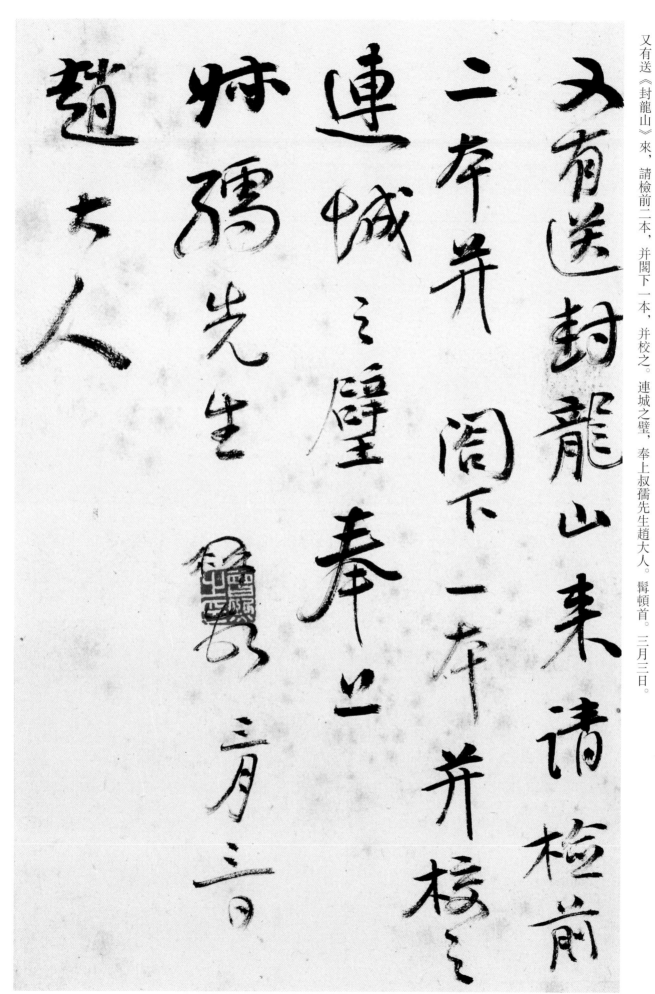

彝午世友先生麾下

前函想呈

覽武昌鄭孫之師之孫其

學費係祖庵同輩集資

今學成且經服務矣遠來

滬上祖庵爲之書薦權運

六六　致趙恒惕書　縱二八厘米 橫四八厘米

彝午世友先生麾下：前書想呈覽。武岡鄧彌之師之孫，其學費係祖庵及同輩集貲，令學成且能服務矣。遠來滬上，祖庵爲之函薦榷運局，謀事孔多，尚乞麾下極力切實，向鄒局長言之，俾令月得數十元以供菽水，感德無量。（幼彌年七十，貧困不堪，幸有兒輩讀書，能服務，否則殆矣。又聞有弟在桂林，與麾下共事極相得，請切實爲之謀。髯再注。）即頌勛安。熙頓首。六月廿八日。祖庵致鄒局長函并抄上。

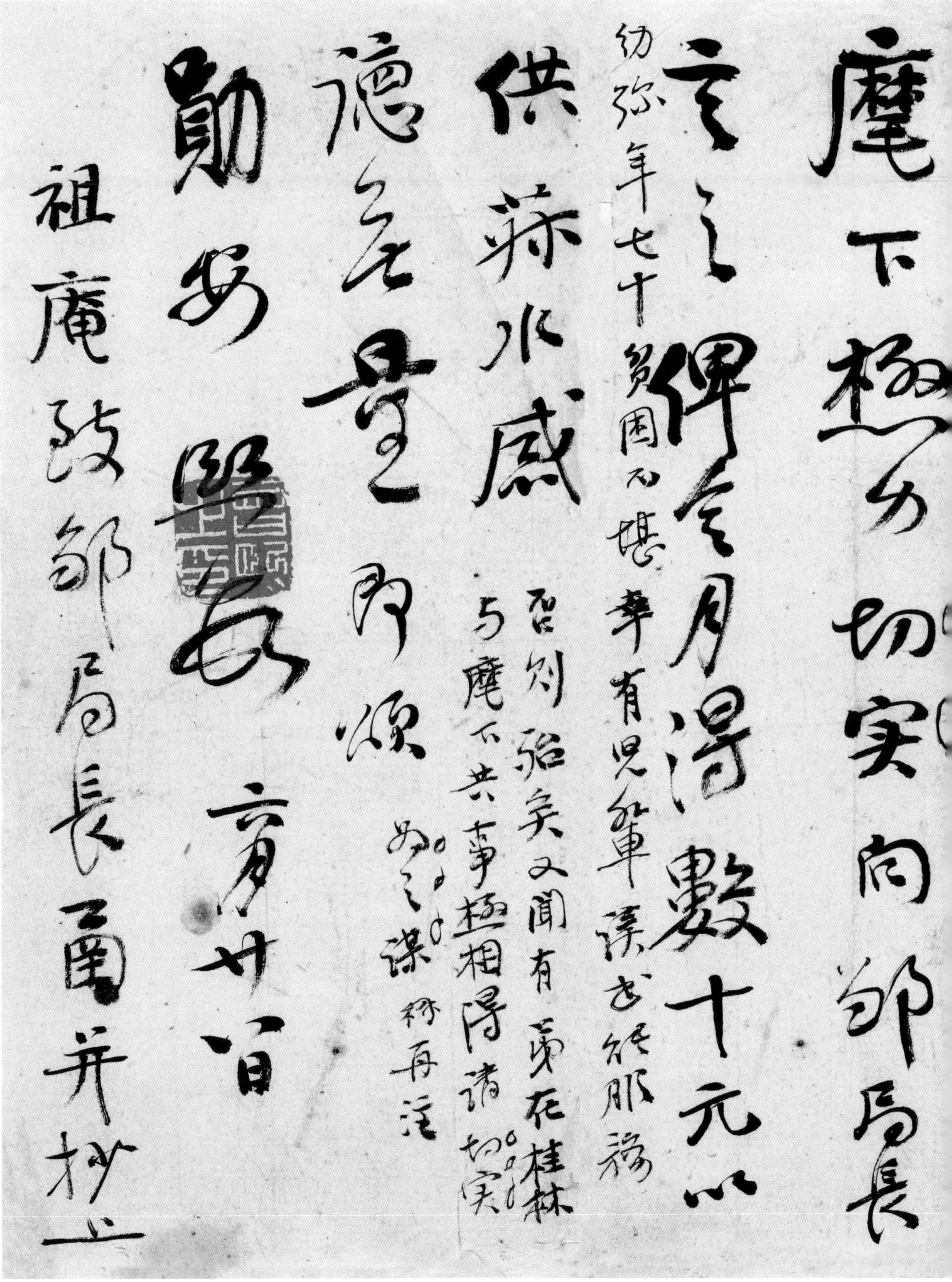

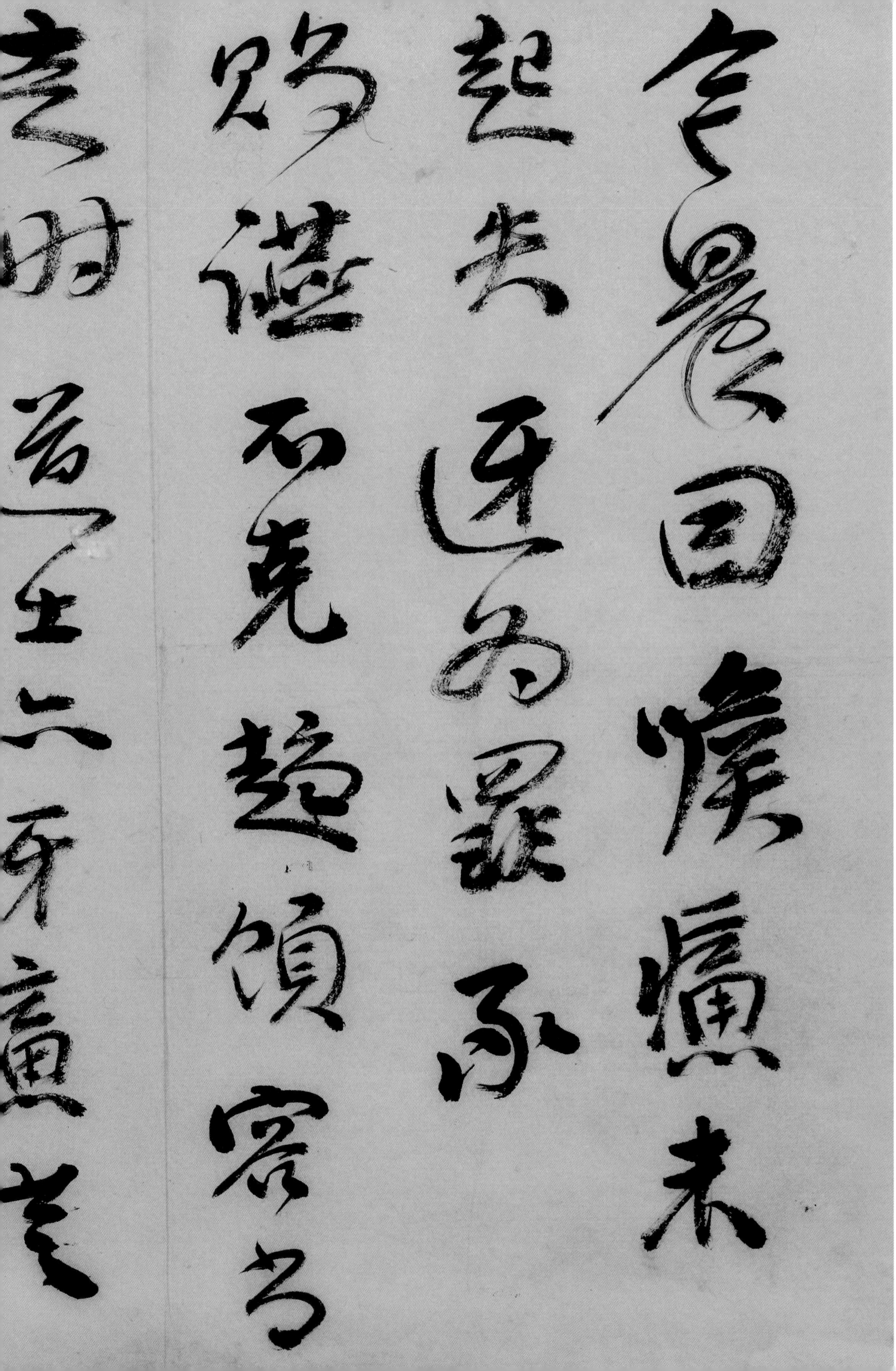

六七　致姚虞琴書　縱二七厘米　横二六厘米

今晨因喉痛未起，失迓爲罪。承賜讌，不克趋領，容當走謝。道士亦牙痛，豈一飯亦有數定耶！虞琴先生貴大人。熙頓首。即刻。

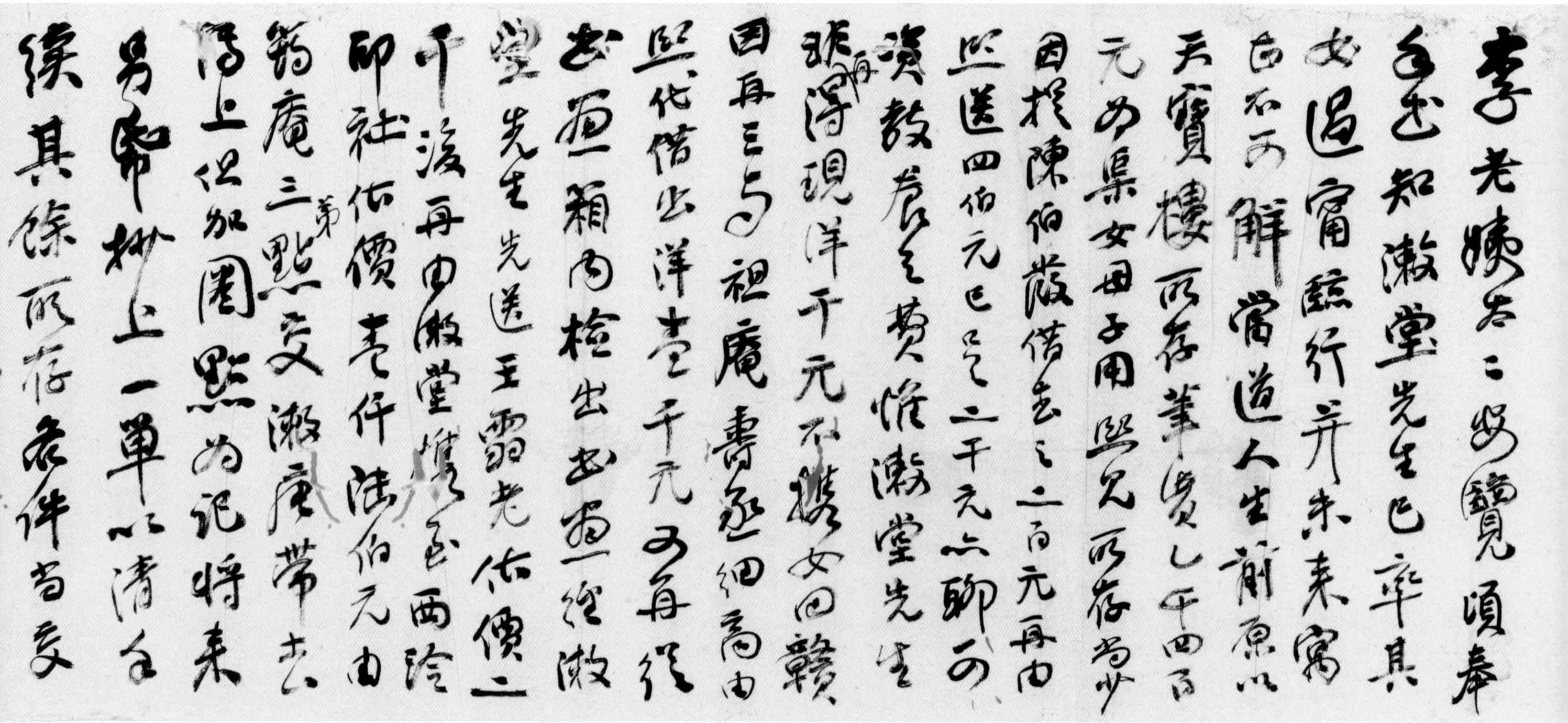

六八　致李夫人書　縱二九厘米　横一四三厘米

李老姨太太安覽：頃奉手書，知漱堂先生已率其女過寧，臨行并未來寓，甚不可解。當道人生前原以天寶樓所存筆貲，乙千四百元爲渠女母子用，熙見所存尚少，因提陳伯嚴借去之二百元，再由熙送四佰元，已足二千元，亦聊可資教養之費。惟漱堂先生非再得現洋千元，不携女回贛，因再三與祖庵、壽丞細商，由熙代借出洋壹千元。又再從書畫箱内檢出書畫，經漱堂先生先送王雪老估價二千，後再由漱堂携至西泠印社，估價壹仟陸佰元，由筠庵三弟點交漱堂帶去。簿上但加圈點爲記，將來另紙抄上一單，以清手續。其餘所存各件，當交筠弟携回蘇州。此時道人墓未修，墓田未買，何得先挪款辨（辦）此不急之事。惟超超讀書爲重，故權宜行之。約計天寶樓所存，熙所補送，與此次之千元及碑帖書畫，亦四千有餘矣。倘經理得法，渠母子亦可安身。至漱堂向尊處詢索房屋典契，此舉甚非理。既屬至戚，亦應通盤計算。道人歿後，所餘幾若，倘筠庵亦援漱堂之例，爲其子計，則六嫂亦不能至四千之多，況此時神主及道人靈位所在，何能計及所典之屋耶？凡事自有公道，請勿置懷，餘至自寧後詳談。熙頓首。五月廿八日。

柳款雖此不急之事惟慈之
讓也為重故據直行之約計
天寶樓所存與所補送與
此次之千元及碑帖各亦
四千有餘矣備經理得法渠
母子亦可安身於灊堂向
尊處詢慈房屋典契
此舉亦非經院屬至感
亦應通盤計算道人殁
後所餘幾若備葬庵亦
援灊堂之例為貝子計則六
時亦不能至四千之多況此時
神主及道人靈位何能（所在）計及
所典之屋耶凡事自有公
道請勿
置懷餘至自靈後詳
談 鄧 五月廿八日

李光娣君二姊鑒須奉
示悉知漱堂先生已卒具
如遇寓臨行并未寫
函不及解當道人生前以
天寶樓所存筆資乙千四百
元如集女母子用照兄所存尚少
因托陳伯藏借去之二百元再由

（局部）

資敬堯之贊悅微堂先生
非有得現洋千元不攜女回贛
因再三与祖庵壽丞細商由
照代借出洋壹千元每從
書畫箱內檢出書畫一經微
堂先生先送王霸光估價二
千後再由微堂攜去西泠
印社古價壹仟售出元由

行後再由徽堂攜至西泠
印社估價青件法伯元由
鶴庵三弟點交澈庵帶去
得上但加圈點為記將來
另帶掛上一單以清手
續其餘所存各件當交
鶴廬攜回蘇州託時道人

（局部）

莫[illegible]作莫[illegible]何[illegible]

柳欵頗比和急之字恨甚二

讀也為吏故校宜行之詢計

天寶標所存照既補遂5

後次之干元及碑帖也終一二

四千有餘矣傷經理得傳集

毋子念可安身子瀞堂向

母亦可安身子漱堂向
尊處詢悉房屋典契
此舉亦非理既屬已成
亦應通盤計算過之發
後所餘錢若備物庵之
援漱堂之例為兒子計則亦

（局部）

神主及道人靈位何所在能計及

所與之屋耶凡事自有公

道請勿

置懷餘俟自當後詳

復

熙頓首 五月廿六日

六九　與道明法師書　縱二三厘米　橫一〇〇厘米

道明大師慧鑒：前得大師病院來書，知患癰毒已復口，尚須調養，應即問候，但熙春夏以來，三次病濕温，旋愈旋翻，皆大熱大汗，因之體疲弱不堪，精神亦異常疲困，是以遲遲未報耳。此間風潮尚未平定，各店皆不能全數收清款項，因之支絀。十日内當令金芳連來山，先付清工食與瓦錢，零星以清一哉經手之件。尊項前開單油漆、格窗、門户各件，大約三百之譜，去秋交大師百元，前月由胡宅交百元。去秋曾面與大師説明裝修各認一半，因原在前估工之數内，當時遺漏耳。大師去秋所説，大義昭然，且允許捐茆亭一所，且言本係山上工程，何須令李姓出費，不過山上近亦支絀。想大師亦尚記此語。至玻璃、木器，當令金芳連及時完結。惟住院之僧及工人，大師應早定妥。十日來，精神可望復元，入秋稍凉，即來山上與大師詳話一切也。即詢淨福無量。熙頓首。五月十八日。

脩各課一年回原在前依工
之盤內為附還漏耳　大師志
秋所說大義服然且允許捐
蔣亭一所且言存俗山上工程
何須今寺經費亦過山上近
亦無他想　大師亦為此老惜
至破損未罷者金一萬處及
時完結惟住院之僧及工人
大師在早定　熙十日來精
神可望復元入秋稍涼即
來山上与
大師詳談一切也即詢
淨福之七量　熙叩
五月十一日

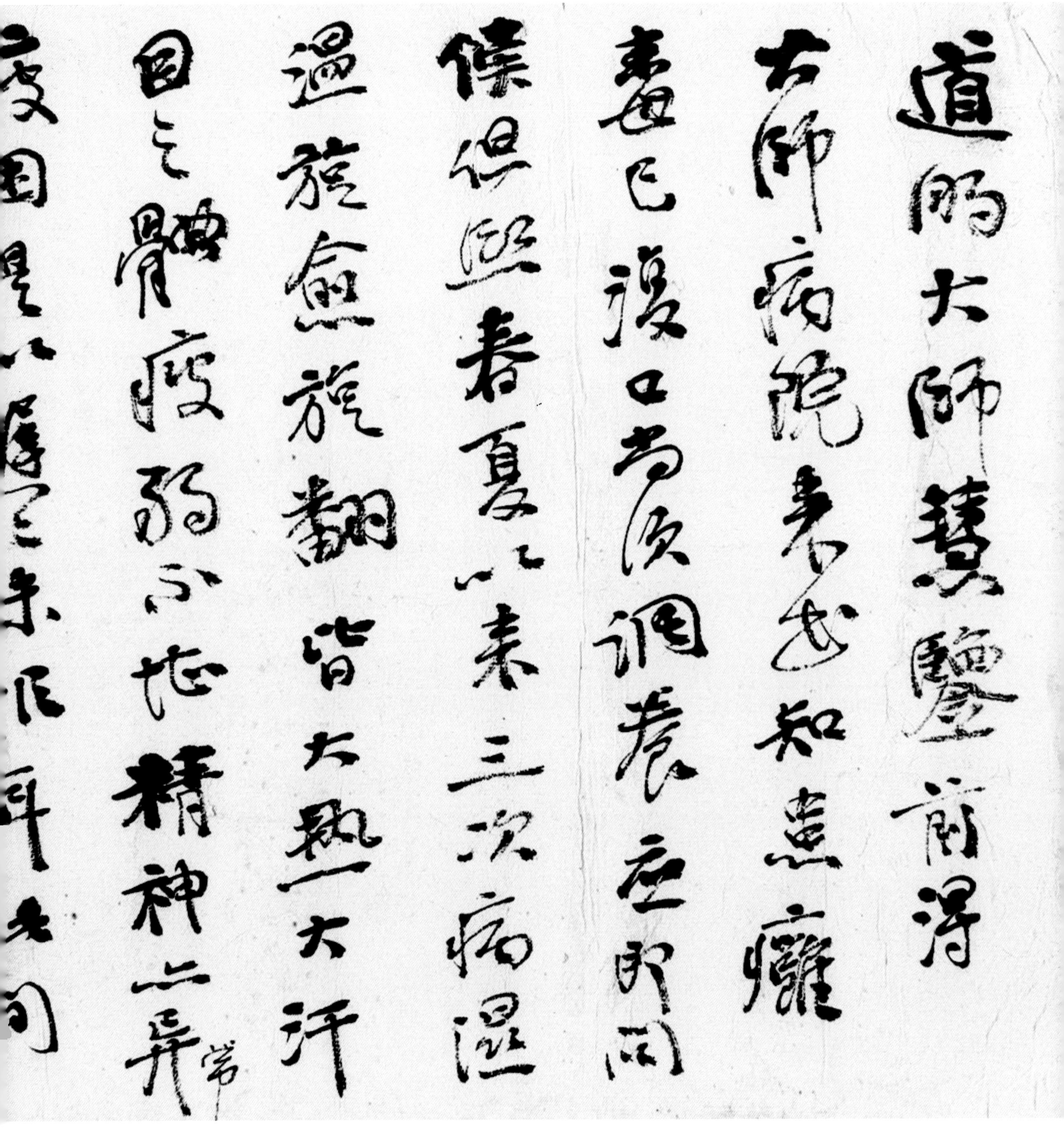
道明大师鉴：前得
大师病愈，知悉离
春已复，口尚须调养，座前间
候但经春夏之交三次病湿
遇旅愈旅翻，皆大热一大汗
因之骨瘦弱不堪，精神亦异常
疲困，是以屡屡未能再来问

（局部）

風聞尚未平定，各處皆不佳。金
數收清鄉，頃因之多惡，十日內尚
令金芳達來山，先付清工資，與
瓦鐵匠還是以清一部經手之
件。 薄項前閱單，油漆棺需
門戶衣件大約三百之譜，去秋之
大師百元，前由胡宅之百元

去秋曹涌与大师说的誓
储各课一牛回原在前俟工
之罄内为财遣漏耳　大师去
秋而说大义昭然且允许捐
葬厚一两且言库谷山上程
何须全李蛇出黄不过山上边
六高松想　大师之为证述语

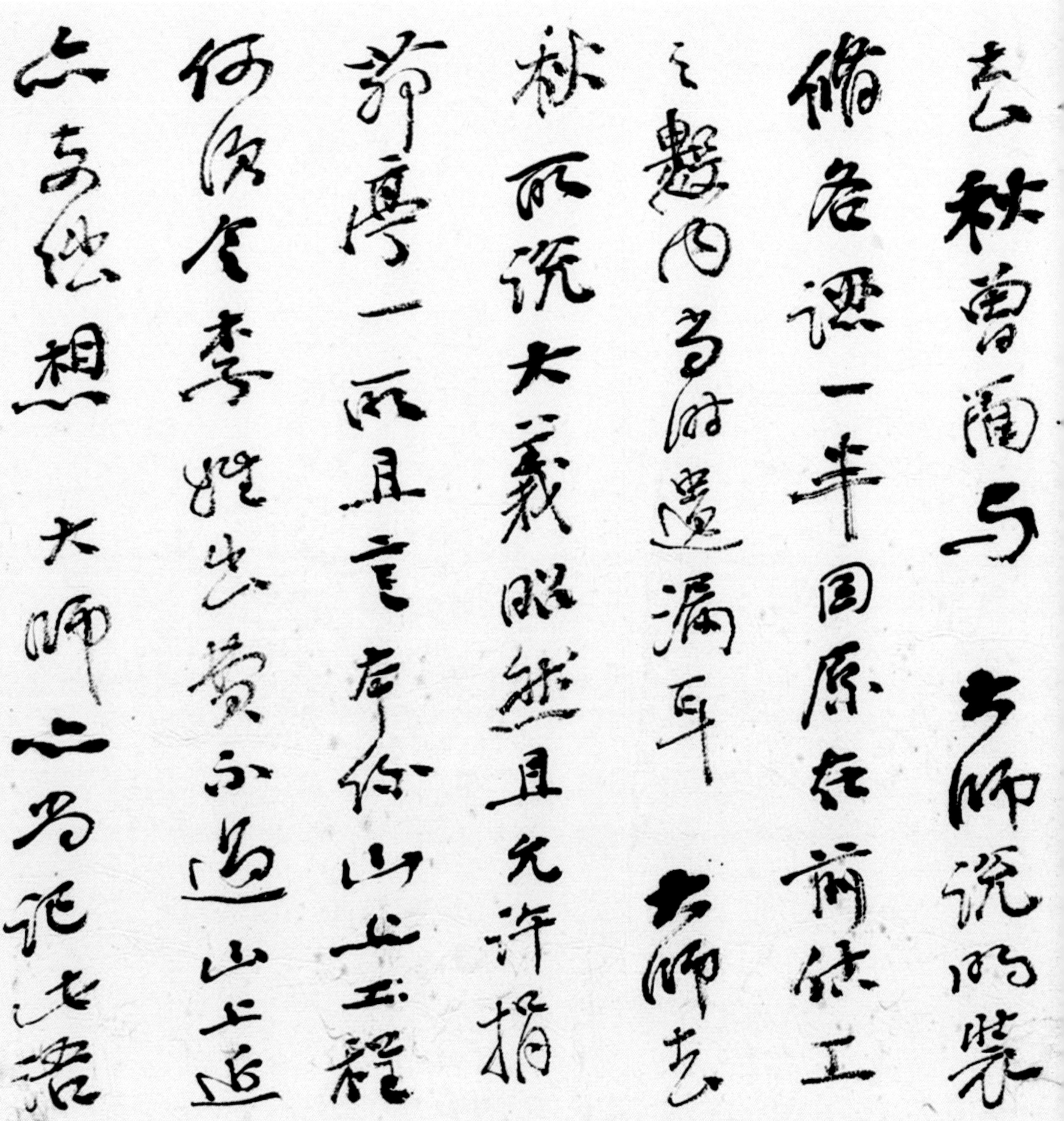

（局部）

時完結惟往院之僧及工人
大師應早定豈遲十日來精
神可望復元入秋稍涼即
來山上為
大師詳談一切也即詢
淨福無量 匠 安
五月十一日

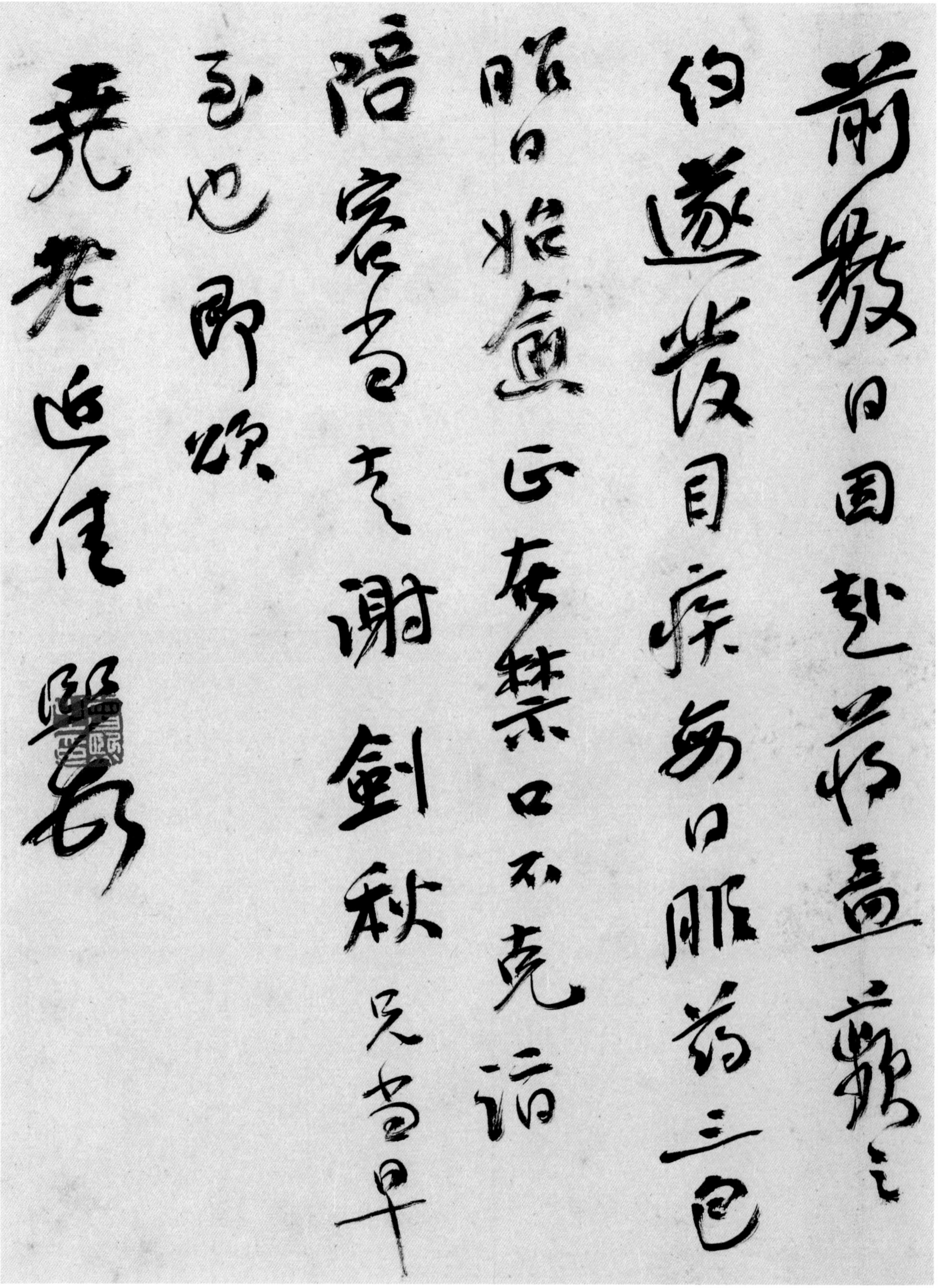

七〇　致余肇康書　縱二八厘米　橫二一厘米

前數日，因赴蔣孟蘋之約，遂發目疾。每日服藥三包，昨日始愈。正在禁口，不克詣陪，容當走謝。劍秋兄當早至也。即頌堯老近佳。熙頓首。